마흔에 읽는 소크라테스

인생의 굽잇길을 넘는 철학 수업

마흔에 읽는 소크라테스

ⓒ 임성훈 2024

인쇄일 2024년 10월 30일
발행일 2024년 11월 7일

지은이 임성훈
펴낸이 유경민 노종한
책임편집 권혜지
기획편집 유노북스 이현정 조혜진 권혜지 정현석 **유노책주** 김세민 이지윤 **유노라이프** 권순범 구혜진
기획마케팅 1팀 우현권 이상운 **2팀** 이선영 김승혜 최예은
디자인 남다희 홍진기 허정수
기획관리 차은영
펴낸곳 유노콘텐츠그룹 주식회사
법인등록번호 110111-8138128
주소 서울시 마포구 월드컵로20길 5, 4층
전화 02-323-7763 **팩스** 02-323-7764 **이메일** info@uknowbooks.com

ISBN 979-11-7183-063-3 (03160)

- — 책값은 책 뒤표지에 있습니다.
- — 잘못된 책은 구입한 곳에서 환불 또는 교환하실 수 있습니다.
- — 유노북스, 유노라이프, 유노책주는 유노콘텐츠그룹의 출판 브랜드입니다.

마흔에 읽는 소크라테스

인생의 굽잇길을 넘는 철학 수업

임성훈 지음

유노
북스

일러두기

본문에 인용된 소크라테스의 말은 원전의 핵심 메시지를 그대로 살리되, 독자의 이해를 돕기 위
해 저자가 일부 각색했다.

마흔, 잘 사는 삶이 무엇인지 검토해야 할 시기다

"소크라테스의 이름은 마흔이 다 돼서야
비로소 세상에 알려지기 시작했다."
카를 야스퍼스, 《위대한 사상가들》

소크라테스와의 첫 만남은 고등학생 때 '국민 윤리'라는 별로 마음에 들지 않는 이름의 수업에서였다. 시험에서 좋은 점수를 받기 위해 철학자들의 이름을 '무슨 학파'라고 구분해 달달 외웠다. 소크라테스 역시 암기의 대상이었고, 그를 '서양 철학의 뿌리', '플라톤의 스승' 정도로만 기억했다.

소크라테스와의 다음 만남은 대학교 재학 시절 전공 필수 과목이었던 정치 철학 수업에서였다. 소크라테스는 플라톤의 《국가》 속에 주인공으로 등장하여 이상적인 국가란 어떠해야 하는지 사람들과 대화를 나눴다. 철인 왕과 수호자들이 다스리는 플라톤의 사유 실험과도 같은 국가 이야기. 플라톤 연출, 소크라테스 주연이었다.

《국가》는 플라톤 대화편 중 중기 작품으로, 소크라테스의 입을 빌렸을 뿐 실제로는 플라톤이 '이데아', '상기설' 같은 개념을 도입하여 자기 사상을 전개한 작품이다. 그 속에서 '진짜' 소크라테스를 느끼기는 힘들었다.

소크라테스의 진면목을 깨닫게 된 것은 몇 년 전, 《소크라테스의 변명》을 제대로 읽으면서부터였다. 《소크라테스의 변명》은 워낙 유명한 고전이라 서점에서 구매하기는 했지만, 대충 훑어보기만 하고 책장 한 구석에 넣어 뒀다.

그러던 어느 날 문득 손이 가서 펼쳐 읽기 시작했는데, 처음부터 끝까지 쉬지 않고 한 번에 다 읽었다. 분량이 그리 많지 않기도 했지만 《국가》에서 만났던 기억 속 소크라테스와는 사뭇 다른, '살아 있는' 소크라테스를 만난 느낌이었다.

> "나는 당신들 가운데 누군가가 훌륭한 정신을 가졌다고 주장하지만, 그렇지 않다고 생각할 때는 가장 소중한 것을 하찮게 다루고, 하찮은 것을 소중히 여긴다고 그를 나무랄 것입니다. (…) 그 누구든 되도록 정신이 훌륭해지도록 마음을 쓰지 않으면 안 됩니다."
>
> 플라톤, 《소크라테스의 변명》

《소크라테스의 변명》속 소크라테스는 굳건하게 1만 년을 버티고 있는 거대한 바위 같았다. 흔들림이 없었다. 70살 나이의 노인은 재판장에 모인 수백 명 군중의 비방과 야유에도 아랑곳하지 않고 자신을 변호하면서, 그들에게 '삶에서 정말로 중요한 것이 무엇인지' 생각하라고 했다. 그는 '정말로 중요한 가치가 무엇인지' 숙고하지 않은 대가로, 진짜 중요한 것에 대한 자신들의 무지를 인정하지 않은 죄로 아테네가 몰락하고 있다고 생각했다.

책을 읽던 당시 나는 내 삶에서 중요한 갈림길에 서 있었다. 정신없이 눈앞에 주어진 과제만을 하나하나 해결하면서 살아오다가 '뭔가'가 빠졌다는 느낌이 가슴속 깊은 곳에서 스멀스멀 올라오고 있었다. '내가 계속 이렇게 사는 게 맞는 걸까?', '나에게 중요한 것이 무엇일까?'라는 생각이 들기 시작했다.

> "그저 살아가는 것이 아니라 훌륭하게 사는 것을 가장 중요하게 여겨야 한다."
>
> 플라톤, 《크리톤》

이 시기에 진지하게 다시 만난 소크라테스에게서 나는 그냥 살지 말고 훌륭하게, 탁월하게 사는 것이 중요하다는 가르침을 얻었다. "그저 살아간다"라는 것은 껍데기만 인간이지, 동물의 삶이다. 잘 먹고 잘사는 것, 배부르고 건강한 것만이 최고인 삶인 것이다.

반면에 탁월한 삶은 인생에서 정말로 중요한 것이 무엇인지 알고 실천하는 삶이다. 소크라테스의 입을 빌리자면 '살 만한 가치가 있는' 삶이다. 짐승과는 다른 인간의 삶이다.

나는 소크라테스를 만나고 삶에서 중요한 가치를 재정의했다. 나의 소명이 무엇인지, 무엇을 해야 탁월해질 수 있는지, 무엇이 더 가치 있는지 검증하고 고민했다. 그 결과 글을 쓰는 작가의 길을 선택했고, '아레테인문아카데미'를 통해 독자들과 소통하고 있다. 그리고 이 책을 펼쳐 든 당신을 만나게 됐다.

마흔, 각자의
아포리아를 넘어서라

"인생길 반 고비에 나는 올바른 길을 잃고, 어두운 숲속에 있었다."

단테 알리기에리, 《신곡》

13세기 이탈리아의 천재 시인 단테 알리기에리는 마흔 즈음에 불멸의 대작 《신곡》의 집필을 시작했다. 그가 이룬 모든 걸 잃고 고향 피렌체에서 쫓겨난 지 몇 년 뒤였다. 그는 정치적인 분쟁에 휘말려 당대 피렌체 최고 권력자의 위치에서 밑바닥으로 급격하게 추락했다. 추방자, 망명자의 신세가 되어 남의 집 빵을 먹으며 쓸

쓸한 중년을 하루하루 버티며 살아갔다. 인생의 막다른 골목, 아포리아(aporia, 그리스어로 해결하기 힘든 문제를 의미)였다. 마흔, 더 이상 어찌 해 볼 수 없는 그 절망감을 담아 그는 《신곡》의 도입부를 "길을 잃고 어두운 숲속에 있었다"라고 시작한 것이 아닐까?

56년을 살다 간 그에게 마흔은 산술적인 인생의 절반은 아니었다. 하지만 삶의 결이 이전과 완전히 달라졌다는 면에서는 분명히 인생에서 반 고비를 넘어가는 시기였다고 할 수 있다.

그가 아포리아의 상황을 겪지 않았다면 《신곡》이라는 명작이 탄생할 수 있었을까? 만약 그에게 마흔의 담금질이 없었다면, 오늘날 우리는 그를 역사를 바꾼 위대한 시인이 아니라 13세기 피렌체의 성공한 정치가 정도로 기억하고 있을지도 모른다.

평균 기대 수명이 80세가 조금 넘는 오늘날, 마흔이라는 나이는 산술적으로도 인생이라는 여정에서 반 고비에 해당한다. 마흔 정도 되면 꽤 어른스러워지지 않을까? 공자도 마흔은 '불혹(不惑)'이라고 하여 외부의 자극에 미혹되지 않는다고 하지 않았던가?

공자에게 마흔은 소인에게서 멀어지고 군자의 모습에 가까워지는 시기다. 인간다운 삶을 추구하고[仁], 올바름을 지키면서 작은 이익에 흔들리지 않고[義], 중용을 지키며 절제할 줄 알며[禮], 성장을 위해 끊임없이 배우고[知], 자기 말에 책임을 지는[信] 것이다. 그런데 물리적으로 나이만 먹으면 이런 질적인 변화가 가능

할까?

나는 20, 30대에 마흔 정도가 되면 안정적인 삶을 살고 있을 것이라고 생각했다. 일상에서 흔들리지 않고, 평온하게 하루하루를 즐길 것이라고 막연하게 상상했다. 안정된 직업, 경제적인 자유, 마음의 평화, 행복한 인간관계 등을 기대했다. 하지만 마흔은 기대만큼 아름답지 않았다. 물론 기대했던 것을 어느 정도 이루기도 했지만, 여전히 흔들린다. 아니 어쩌면 인생에서 가장 혼란스러운 시기인지도 모르겠다.

누군가에게 마흔은 정체성을 잃어 힘든 시기일 수 있다. 다른 누군가에게 마흔은 경제적인 문제로, 사람들과의 관계로 힘들 수도 있다. 새로운 직업을 갖고 싶은 사람도 있을 것이고, 가치관의 문제로 고민할 수도 있다. 그 전에는 미처 인지하지 못했던 것을 인지하게 된 상태이거나, 새로운 문제가 생긴 것일 수도 있다. 각자가 맞닥뜨린 각기 다른 아포리아 상태다.

우리는 모두 고유의 과제를 짊어지고 살아간다. 옆집 누구 엄마는 자식이 공부를 알아서 척척 해서 교육 문제는 신경을 크게 쓰지 않는다는데, 우리 아이는 공부에 영 관심이 없는 것 같아 머리가 지끈거릴 수 있다. 친구 누구는 매년 해외여행을 몇 차례씩 다녀오는데, 나는 당장 이번 달 카드 값 걱정에 밤잠을 설칠 수도 있다. 아직 한창일 나이에 갑작스러운 병에 걸려 힘들어할 수도 있다. 이처럼 우리는 각자 다른 문제를 안고 살아간다. 다른 이의 삶과 나의 삶을 단순 비교하지 말아야 하는 이유다.

마흔은 사회적으로 가장 왕성하게 활동하는 시기다. 주변 사람들은 나에게 수많은 역할을 기대한다. 나를 바로 세우기도, 정신 차리기도 힘든데 여기저기서 '이거 해 달라, 저거 해 달라' 요구하는 것이 많다. 가만히 숨만 쉬어도 해결해야 할 수많은 문제가 밀려온다. 어디론가 훌쩍 떠나고 싶은데 도망갈 곳도 없다.

정신없이 일을 처리하다가 문득 내 상태를 점검해 보면 그다지 어른스럽지도 않다. 분노 조절도 잘 안 되고, 어떤 일을 결정하는 데 원칙도 없는 것 같다. 통장 사정도 그리 넉넉하지 않다. 뭐 하나 제대로 해내고 있는 것 같지 않다는 생각이 든다.

사람마다 정도의 차이는 있겠지만, 마흔은 각자의 아포리아를 헤쳐 나가야 하는 시기다. 이 반 고비를 잘 넘기고 더 성장해야 남은 삶을 가치 있게 살 수 있다. 그렇다면 각자의 아포리아를 넘어가는 데 필요한 것은 무엇일까?

누구를 스승으로
삼으면 좋을까?

1980년에 출시된 '팩맨'이라는 비디오 게임이 있다. 아마 한번쯤은 해 봤거나 어떤 게임인지는 알고 있을 것이다. 노란색 공 모양의 팩맨이 미로를 헤집고 다니면서 쿠키를 먹는다. 곳곳에 돌아다니는 고스트에게 잡히면 생명을 잃게 된다. 게임자는 미로의 길을 훤히 다 볼 수 있다. 어디로 가면 쿠키를 더 많이 먹을 수 있는지, 고스트가 어디 있는지, 어느 방향에서 고스트가 다가오고 있는지도 실시간으로 알 수 있다. 그러니 팩맨을 이리저리 움직여 고스트를 피하고 쿠키를 먹게 할 수 있다.

하지만 팩맨의 시선으로 이 게임을 바라보면 어떨까? 미로에 갇힌 팩맨은 길이 어디로 이어져 있는지 한 치 앞도 알 수 없다. 왼쪽으로 꺾어야 고스트를 피할 수 있을지, 오른쪽으로 가야 좋을지 전혀 알 수 없다. 눈앞에 있는 골목이 막다른 골목인지 다른 길로 연결되어 있는지 감조차 잡을 수 없다. 자기를 골탕 먹이는 고스트의 위치는 고사하고, 그것들이 몇이나 되는지도 알 수 없다. 미로 속 팩맨에게 세상은 항상 무지와 아포리아의 상황이다.

인생이라는 게임 속에서 우리는 미로를 헤매는 팩맨과 같지 않은가? 모두가 처음 하는 게임이다. 우리에게는 미로 전체를 조망할 수 있는 능력이 없다. 어디서 위협이 다가오는지, 어느 방향으로 가는 것이 옳은 길인지 알기 힘들다.

하지만 미로 밖에서 이 게임을 바라볼 수 있는 존재가 있다면, 그에게 조언을 구하는 것이 현명하지 않을까? 그들 중 한 명을 스승으로 삼아 본다면 어떨까? 인생이란 게임을 하는 데 조금 수월해지지 않을까?

그렇다면 누구를 스승으로 정하면 좋을까? 인류 역사상 수없이 많은 위대한 철학자, 현인들이 존재했다. 하지만 삶에 대한 통찰력이나 깨달음의 깊이를 고려해 볼 때 인류 역사상 가장 위대한 정신을 소유했던 것으로 평가받는 4대 성인 중 한 명을 추천하고 싶다. 바로 소크라테스다.

왜 소크라테스인가?

소크라테스는 예수처럼 기적을 보여 주지는 않았다. 석가모니처럼 선정을 통해 깨달음을 얻은 것도 아니다. 공자처럼 천하를 주유하며 원대한 이상을 펼치거나 학파를 세우지도 않았다. 소크라테스는 그리스의 신을 섬기고 아테네의 체제를 수호하려고 했던 뼛속까지 철저한 아테네 시민이었다. 아테네의 이익을 위해 전쟁에도 세 차례 이상 참가했다.

그는 절대적인 깨달음을 얻어 그 가르침을 전한 것이 아니라, 끊임없이 아테네인들을 붙잡고 캐물었다. 그에게는 답이 없었다. 동시대 아테네인들과 어떻게 사는 것이 올바른 삶인지 함께 고민했다. 전쟁이나 종교 축제에 참석하기 위해 아테네 밖에 나간 경우 말고는 평생 아테네에 머물면서 시민 한 사람 한 사람을 만나 대화했다.

그는 아테네 시민들에게 '당신은 사실 아는 것이 없다'는 사실을 깨우쳐 주려다가 두들겨 맞기도 하고, 연극의 소재가 되어 비웃음의 대상이 되기도 했다. 말년에는 70살의 나이에 동료 시민들의 고발로 재판장에 섰다. 결국 사형 판결을 받아 독미나리즙을 마시고 죽었다. 얼핏 보면 다른 성인에 비해 성스러움이나 포스가 좀 약해 보인다. 하지만 소크라테스에게는 그만이 가진 '톡' 쏘는 매력이 있다.

> "선생님께서는 자신도 어리둥절해하지만, 남들까지 그렇게 만드신다는 말을 들었습니다. (…) 선생님은 외모나 다른 면에서도 영락없이 바다에 사는 저 넓적한 전기가오리입니다. 전기가오리는 가까이 다가가는 자는 누구든 마비시켜 버리는데, 제게 그런 짓을 하신 것 같으니 말입니다."
>
> 플라톤, 《메논》

메논이라는 사람이 소크라테스와 탁월함에 대해 대화를 나누다가 화가 났다. 메논은 교묘한 논변으로 자기를 몰아붙이는 소크라테스에게 짜증이 나서 무례하게 그를 비난했다.

그러나 소크라테스는 자신이 전기가오리와는 다르다고 했다. 전기가오리는 전기를 일으켜 상대를 마비시키지만 정작 자신은 멀쩡하다. 하지만 자기는 그와 달리 자신마저 마비됐다고 말했다.

'나도 너와 마찬가지로 무지하다'는 것이다.

전기가오리. 사람들은 소크라테스와 대화하면 전기에 감전된 것처럼 충격을 받았다. 이 충격에 마음을 열고 자기의 의식 성장의 발판으로 삼은 사람도 있었으나, 진저리 치며 소크라테스를 배척하고 죽음으로까지 몰아간 사람들도 있었다.

소크라테스는 탁월한 인간이 되기 위해 가장 중요한 것이 무엇인지 아는 자가 거의 없다는 것을 깨달았다. 그리고 지금처럼 살지 말고, 알고 있다고 착각하고 있는 것들을 검증해야 한다고 주장했다. '이대로 살아도 되는지, 어떻게 사는 것이 올바른 삶인지' 고민하는 마흔에게는 소크라테스의 톡 쏘는 전기 맛이 필요하다.

인간의 정신적인 성장은 우상향의 완만한 곡선의 형태로 이루어지지 않는다. 마치 애벌레가 고치가 됐다가 고치를 뚫고 나비로 변신하듯, 정신의 변화에도 질적인 도약이 필요하다. 우리는 사춘기라는 진통을 통해서, 여러 형태의 성인식을 통해서 차츰 어른이 되어 간다. 그럼 마흔은 어른일까? 마흔은 나머지 인생을 조금 더 어른답게 살기 위한 진통의 시기다. 이때 필요한 것은 무엇일까?

바로 탁월함을 추구하는 것이다. 이전과는 다른 질적인 도약이 필요하다. 그저 그렇게 흘러가는 대로 사는 것이 아닌, 살 만한 삶을 위해 몸부림쳐야 하는 시기가 마흔이다. 소크라테스는 인간 정신의 탁월함을 추구하는 철학자였다. 소크라테스는 탁월한 삶을 위해 우리에게 몇 가지 길을 제시한다.

첫째, 자신의 무지를 인정하라.

무지에는 두 가지 종류가 있다. 하나는 어린아이와 같은 무지로, 순전히 그냥 모르는 것이다. 이런 무지에 대한 해결책은 아주 간단하다. 배우면 된다. 알려고 노력하면 된다. 하지만 대부분 자기의 무지를 인정하지 않기 때문에 순전한 무지의 극복도 만만하지는 않다.

다른 종류의 무지는 더 해소하기가 힘들다. 그것은 고의적인 무지다. 분명히 제대로 알지 못하는데 안다고 착각하거나 그냥 덮고 넘어가는 것이다. 혹은 정말로 중요한 것인데 알 필요가 없다고 판단해 버린다. 눈앞에서 벌어지는 일이 분명히 올바르지 않다는 것을 너도 알고 나도 아는데 그냥 넘어간다.

그러면서 사는 건 원래 그런 거라고 자기 합리화를 해 버린다. 다수의 비겁함을 따라간다. 소크라테스는 사람들이 이런 고의적인 무지를 자각해야 발전할 수 있다고 봤다. 맞는 말이다. 자신이 정확하게 알고 있지 않다는 점을 먼저 인정해야 진짜 지식을 얻을 수 있는 기회가 있지 않는가. 그는 사람들이 자기 무지를 깨닫기 위해서는 모든 것을 검증하고 질문해야 한다고 믿었다.

둘째, 올바른 앎을 추구하라.

삶에서 중요한 가치를 모른다는 사실을 인정하는 것에 그쳐서는 앞으로 나아갈 수 없다. 무지를 깨달은 다음에는 정확한 앎을 위해 노력해야 한다. 우리가 살면서 어떤 선택을 할 때 정확한 지식을 알고 있다면 올바르지 않은 선택을 하지 않는다.

제대로 알지 못하기 때문에 그 선택의 결과가 나와 다른 사람들에게 어떤 결과를 가져오는지조차 정확히 모른다. 그래서 판단을 그르치는 것이다. 소크라테스가 모든 문제에 대한 정답과 올바른 지식을 전해 주지는 않는다. 하지만 어떤 태도로 올바른 앎을 추구해야 하는지 그 본보기를 보여 준다.

셋째, 알고 있는 것을 그대로 실천하라.

소크라테스는 행동하는 철학자였다. 알고 있는 것을 그저 이론적으로만 입으로 떠들지 않았다. 그는 책을 쓰거나 제자를 모아서 학당을 여는 것보다 알고 있는 사실을 주변 사람들에게 전하는 것을 중요하게 생각했다. 그리고 그것을 그대로 실천했다. 아는 것을 그대로 실천하는 데에는 용기가 필요하다. 4장에서 다루겠지만, 용기는 무엇을 두려워하고 무엇을 두려워하지 말아야 할 지 아는 지식이다.

예를 들어 배가 침몰의 위기에 빠졌을 때, 승무원이나 승객들을 버리고 먼저 배를 탈출한 선장이 있다고 생각해 보자. 그는 죽음을 두려워했기 때문에 그런 행동을 했다. 하지만 그렇게 제 목숨만 먼저 구한 선장은 평생을 두고두고 불명예스럽게 살아갈 것이다.

소크라테스에 따르면 죽음이 아니라 다른 사람들을 먼저 구하지 않는 불의함이야말로 정말로 두려워해야 하는 것이다. 그 불의함은 죽음을 피하게 해 줄 수는 있지만, 자신의 양심을 배반하는 것이기 때문이다. 소크라테스는 아는 것을 제대로 실천하지 않고 비겁함에 빠지는 것, 영혼이 손상되는 것을 두려워했다.

우리에게 정말로 중요한 것을 알지 못한다는 사실을 인정하고, 올바른 앎을 추구하며, 그것을 그대로 실천하는 삶은 분명히 탁월함을 향한다. 자기 삶을 충분히 검증하면서 살 수 있기 때문이다. 삶에서 중요한 것을 검증하는 삶은 탁월한 삶이다. 마흔의 검증하는 삶, 탁월한 삶을 위해 소크라테스가 훌륭한 본보기가 되어 줄 것이다. 우리에게 소크라테스가 필요한 이유다.

이 책은 소크라테스를 거울삼아 각자의 아포리아를 극복하고 탁월하게 살아가는 데 도움이 될 조언을 4개 장, 총 24가지로 정리했다.

우선 해제에서는 소크라테스의 철학과 그가 살던 시대적·문화적 배경에 대해 정리했다. 이 부분이 길게 느껴질 수도 있겠다. 하지만 모든 것은 맥락에서 파악해야 한다. 단편적으로만 봐서는 어렵다. 따라서 책을 읽어 나가는 데 어려움이 없도록 소크라테스에 대해 최대한 세세하게, 꼭 담아야 할 부분들을 설명했다.

1장에서는 소크라테스의 삶의 지침, 2장에서는 소크라테스가 나눈 대화들에 대해 소개한다. 또한 3장에서는 소크라테스가 생각하는 인간관계의 본질을 이야기한다. 마지막으로 4장에서는 소크라테스가 지향한 탁월한 삶에 대해 풀었다.

아무리 위대한 사람의 조언이라도 지금 살고 있는 시대에 맞지 않을 수 있다. 자기 나름대로 재해석해야 한다. 누가 무슨 말을 했든 스스로 소화해서 받아들여야 한다. 나는 이것을 '인문학적 되새김질'이라고 말하고 싶다. 인문학은 각자의 되새김질이다.

이 책은 내가 소크라테스의 메시지를 읽고 되새김질한 기록이다. 이 책을 읽는 여러분도 자기만의 되새김질을 하면서 읽어 가길 바란다.

끝으로 이 책이 나오기까지 변함없는 사랑과 응원을 보내 준 가족에게 사랑과 고마움을 전한다.

2024년 임성훈

인생으로 자신의 철학을
보여 준 소크라테스

소크라테스는 BC 469년(혹은 BC 470년) 아테네 외곽 안티오키스 부족의 알로페케 데모스에서 태어났다. 소크라테스는 '안전한, 튼튼한'의 뜻 소스(sos)와 '강력한, 마음을 사로잡는 힘'의 뜻 크라토스(kratos)가 합쳐진 이름이다.

당시 그리스 세계는 페르시아의 침략, 그리스 도시 국가 간 헤게모니 쟁탈 분위기, 전쟁으로 인한 시민 세력의 성장과 소피스트의 대두 등으로 이래저래 불안정했다. 위태로운 세상을 튼튼하고 강한 사람으로 살아가길 바라는 부모의 심정이 투영된 이름이 아니었을까?

"아들이 마음속에 떠오르는 대로 뭐든 하게 내버려 두고 그의 동기를 구속하거나 바꾸지 말라."

<소크라테스에 대한 델포이 신탁>

소크라테스는 귀족 출신은 아니었다. 아버지의 이름은 소프로니스코스로, 석공이었다. 어머니의 이름은 파이나레테로, 산파였다. 아테네의 황금 시기에 수많은 석상과 건물이 지어졌기 때문에 당시 석공은 꽤 괜찮은 직업이었다. 석공인 아버지 덕분에 소크라테스는 어느 정도의 인맥과 재산이 있었던 것 같다.

소크라테스에게는 악처로 유명한 크산티페 외에도 또 다른 아내가 있었을 것으로 추측된다. 전쟁과 전염병으로 아테네에서 중혼이 장려되었기 때문이다. 소크라테스의 아들은 세 명이었는데, 자식을 늦게 보았고 자식들 간에 나이 차이도 꽤 있었다. 그의 막내아들 메넥세노스는 70세의 소크라테스가 독배를 마실 당시 3세였다고 알려졌다.

소크라테스가 태어난 해는 아테네와 스파르타 중심으로 뭉친 그리스 연합군이 페르시아 제국을 상대로 결정적인 승리를 거둔 살라미스 해전(BC 480년)과 플라타이아이 전투(BC 479년) 이후 10년 정도가 지난 때였다.

당시 페르시아 제국은 세계 인구의 20% 정도, 대략 2,000만 명의 인구를 다스리는 대제국이었다. 인구 200만 명의 그리스 도시 국가들이 제국을 물리치면서 그리스인들의 자존감은 하늘 높은 줄 모르고 올라갔다.

특히 살라미스 해전 이후 아테네는 델로스 동맹의 맹주가 되어 그리스의 부와 권력을 독차지했다. BC 461년에는 걸출한 정치가 페리클레스가 아테네의 권력을 장악하고 BC 429년 사망할 때까지 아테네의 전성기를 이끌었다.

아테네는 강력한 함대를 바탕으로 페르시아를 에게해에서 몰아내고 광범위한 영토에 대한 지배권을 행사하는 실질적인 '제국'의 면모를 보였다. 델로스 동맹의 폴리스들은 아테네의 속국과 비슷한 처지로 전락했고, 아테네에 열심히 공물을 바쳐야 했다. 소크라테스는 청년기 대부분을 이런 아테네의 영광스러운 시대 속에서 살았다.

하지만 소크라테스의 나이 마흔 전후로 아테네는 혼돈 속으로 빠져들었다. 아테네의 자부심은 교만으로 변질됐다. 아테네는 페르시아 전쟁을 상기시키면서 방위력 증강을 구실로 동맹국에 조세를 부과했다. 거기까진 좋았는데, 아테네는 그 돈을 아테네의 대규모 공공사업에 사용하는 등 제멋대로 쓰기 시작했다.

또한 다른 폴리스의 일에 사사건건 간섭하면서 영향력을 행사했다. 그리스인들은 번영기의 아테네를 '제비꽃 화관을 쓴 도시'라고 부르면서 찬사를 보내기도 했지만, 다른 한편으로는 '참견쟁이'

로 여겨졌다. 아테네는 그리스의 가장 중요한 정신 중 하나인 '자유'를 침해하는 공공의 적이 되어 가고 있었다. 특히 군사 강국 스파르타는 아테네를 질투하며 경계하고 있었다.

아테네에 대한 불만과 시기심이 그리스 전체에 퍼지면서 과두정 체제 스파르타 중심으로 뭉친 펠로폰네소스 동맹과 민주정 체제 아테네의 델로스 동맹 사이에 충돌이 일어났다. 외부의 거대한 적 페르시아를 BC 479년에 몰아내고 얼마 지나지 않아 집안 싸움이 일어난 것이다. 펠로폰네소스 전쟁으로 그리스 전체가 쇠락의 길로 접어들기 시작했다.

전쟁터의
철학자

소크라테스가 이 시기에 참전했다는 기록이 있다. 29세에 사모스 원정에 참가했을 것이라는 추측이 있지만 확실하지 않다. 정확하게 확인할 수 있는 참전 기록은 BC 432년, 그의 나이 37세에 발생한 포티다이아 전투다.

포티다이아 전투는 시작부터 정의롭지 않았다. 아테네가 작은 도시 포티다이아에 매년 바쳐야 할 조세를 6달란트에서 15달란트로 인상할 것을 명령했다. 아테네는 포티다이아의 반란을 막기 위해 최후통첩을 하며 위협했다.

포티다이아는 조세를 좀 줄여 달라고 아테네에 사절을 보내는 한편, 스파르타에도 사절을 보내 혹시라도 아테네가 자기네들을 공격하면 실력을 행사해 달라고 했다. 아테네는 중무장 보병 1,000명을 선발대로 포티다이아에 보냈는데 그중에 소크라테스와 그의 제자 알키비아데스가 포함되어 있었다.

> "전쟁터에서 소크라테스는 시민의 의무를 다하셨습니다. (⋯)
> (내가 전쟁터에서 곤경에 처했을 때) 그 많은 병사 중에서 나
> 를 구한 사람이 바로 소크라테스였지요. 나는 그분 덕택에 내
> 갑옷과 목숨을 보전할 수 있었답니다."
>
> 플라톤, 《향연》

포티다이아에서는 3년간 전투가 이어졌다. 소크라테스는 알키비아데스가 죽을 위험에 빠져 있었을 때 그를 구해 냈다. 하지만 당시 전투의 영광은 알키비아데스가 차지했다. 소크라테스의 손에 의해 구출된 알키비아데스가 갑옷 한 벌과 왕관을 받았다.

포티다이아 전투는 그 과정과 결말이 올바르지 않았고, 처절했다. 아테네군과 그 연합군은 2년에 걸쳐 포티다이아의 성을 포위했다. 성 밖의 아테네군은 전염병으로 1,000여 명이 사망했고 성 안의 수비군들은 식량이 다해 식인종으로 변했다.

그리스에서는 죽은 사람의 시체를 잘 수습하여 매장해 주는 것

이 아주 중요한 가치였고 불문율이었다. 하지만 지옥과 같은 전쟁터에서 아테네 병사들의 시체는 방치됐고 짐승들에게 뜯겼다. 아테네의 탐욕이 3년의 비극적인 전쟁, 그리스 동족끼리 죽이는 비참한 현실로 나타났다.

'이것은 탁월한 삶이 아니다.'

끔찍한 전쟁터에서 소크라테스는 어떤 고민을 했을까? 그는 철저한 아테네 시민이었다. 조국 아테네는 자신과 떼려야 뗄 수 없는 관계였다. 아테네는 테세우스의 나라였다. 안전한 삶을 위협하는 괴물들을 여럿 때려죽인 테세우스 같은 남성성과 용맹, 신체의 우월함을 인간이 추구해야 할 탁월함으로 여겼다.

하지만 그런 물리적, 신체적, 군사적 탁월함이 정신적 비열함이나 이기적인 욕심과 결합하니 비극이 벌어졌다. 아테네는 자기 욕심을 위해서 다른 도시 국가에 무분별하게 무력을 행사했고, 눈앞에서 포티다이아 같은 비인간적인 타르타로스를 창조해 냈다. '이익을 위해 올바름을 저버리는 것이 과연 가치 있는가?', '이렇게 사는 것이 맞는가?' 아마도 소크라테스는 전장에서 이런 고민을 하지 않았을까?

"하루는 소크라테스가 이른 아침에 생각에 잠겨 꼼짝도 하지 않고 한자리에 서 있었습니다. 정오가 되어도 움직이지 않자, 병사들이 수군거렸습니다. (…) 그는 새벽이 되고 태양이 떠오를 때까지 그 자리에 서 있었습니다. 그리고 태양을 향해 기도 드린 후 자리를 떠났지요."

플라톤, 《향연》

놀랍게도 소크라테스가 꼬박 24시간 가까이 한자리에서 생각에 잠겨 서 있었다는 증언이다. 전쟁터에서 소크라테스는 깊은 생각에 잠기곤 했다. 오랜 시간 동안 그는 무슨 생각을 했을까?

이 시기에 소크라테스는 인간이 추구해야 할 진정한 탁월함에 대해 재정의했을 것이다. 진정한 탁월함은 신체적인 우월함이나 물질적인 이익이 아니라 정의로움, 절제, 용기 등 지혜의 추구라고 말이다. 그 탁월함을 위해서는 테세우스적인 탁월함에 대한 '검증'이 필요했다.

포티다이아 전쟁에서 아테네는 승리했지만, 상처가 크게 남았다. 3년의 전쟁 뒤에 아테네에 돌아온 소크라테스에게 승리의 영광은 없었다. 그는 조국 아테네의 처참한 광경을 목격해야만 했다. 스파르타와의 전쟁만으로도 힘든 시기에 아테네에 전염병이 돌아 8만여 명이 사망했다. 당시 아테네 인구의 3분의 1에 해당하는 숫자였다. 심지어는 지도자 페리클레스마저 전염병에 걸려 세상을 떠났다.

페리클레스 이후 지도자들은 페리클레스만큼의 역량과 지혜가 없었고, 아테네는 점점 추락했다. 처참한 시련을 겪으면서 아테네 인들은 정신적으로 성장하지 못하고 퇴보했다. 그들은 훌륭함보 다는 탐욕에 몸을 맡겼다. 그들은 생명이나 재산이 순식간에 사라 질 수도 있다는 사실을 목격하면서 쾌락에 무방비한 상태가 된 것 이다.

아테네는 점점 더 쇠약해졌다. 올바른 삶을 추구하지 못한 것 에 대해 혹독한 대가를 치르는 아테네를 보며 철학자 소크라테스 는 일종의 사명감을 느끼지 않았을까? 아마도 소크라테스는 아테 네인들이 올바른 삶을 살 수 있도록 도와야겠다는 마음이었을 것 이다.

가장 지혜로웠던
철학자의 삶의 목적

"소크라테스보다 지혜로운 자는 없다."

이 시기에 소크라테스의 사명감에 불을 지핀 사건이 일어났다. 소크라테스의 친구 카이레폰이 델포이 아폴론 신전을 찾아가 아 폴론 신에게 소크라테스만큼 지혜로운 인간이 있는지 물었다. 그 질문에 델포이 아폴론 신전의 무녀는 그보다 지혜로운 자는 없다고 신탁을 줬다.

3년의 전쟁을 통한 아테네적인 가치에 대한 회의, 자신이 지혜롭다는 신의 목소리, 쇠락하는 아테네의 현실. 소크라테스는 본격적인 활동을 시작했다. 사람들에게 '무엇이 진정으로 올바른지, 무엇이 탁월함인지, 무엇이 정의인지' 같은 문제를 집요하게 물어 대기 시작한 것이다.

소크라테스의 제자 크세노폰은 소크라테스가 검토한 주제를 그의 책《소크라테스의 회상록》에서 다음과 같이 정리했다.

① 경건함이란 무엇이며 불경이란 무엇인가?

② 정의란 무엇이며 부정은 무엇인가?

③ 공정함이란 무엇이며 부당함이란 무엇인가?

④ 지혜란 무엇이며 어리석음이란 무엇인가?

⑤ 용기란 무엇이며 비겁함이란 무엇인가?

⑥ 국가는 무엇이고 정치가의 자격은 무엇인가?

⑦ 정부는 무엇이며 통치자란 무엇인가?

⑧ 그 밖에 그것을 아는 자는 훌륭한 사람, 모르는 자는 노예라고 불릴 만한 주제들.

소크라테스는 인간을 인간답게, 훌륭하게 만드는 가치를 추구하려고 했다. 명예나 남성적 강인함, 이익 같은 가치만 추구해서는 인간답지 못한 행동을 저지르지 않던가. 그는 올바른 삶을 위해서는 지혜를 추구해야 한다고 생각했다.

그러기 위해서는 우선 지금 알고 있는 것들이 진정한 앎이 아니라는 자각이 필요하다. 바로 무지의 지다. 자신의 무지함을 깨닫는 과정에서 알고 있는 것을 끊임없이 검증하면서 올바름, 탁월함을 추구해야 한다.

소크라테스는 동료 시민들이 무엇이 올바른 것, 탁월한 것인지 깨달을 수 있도록 귀찮게 질문을 던졌다. 그는 그것이 신이 자신에게 준 사명이자, 삶의 목적이라 여겼다.

그러나 아테네 시민들 대부분은 이런 소크라테스를 포용할 만큼 정신적으로 여유롭지 못했다. 아테네가 황금기를 구가할 때, 잘나갈 때는 괴짜 철학자가 뼈 때리는 말을 해도 웃어넘길 수 있었다. 하지만 상황이 나빠졌다. 사람들의 인내심도 금방 한계가 왔다.

BC 404년 소크라테스가 65세가 되던 해, 아테네는 스파르타에 항복했고, 아테네에 스파르타의 사주를 받은 30인 참주 정권이 세워졌다. 참주정 지도자들은 민주정 세력을 무자비하게 숙청했다. 그러다가 8개월 만에 민주정이 회복됐다. 민주정 쪽도 보복하지 않을 수 없었다.

이 시기 아테네인들은 참주정과 민주정 세력으로 나뉘어 서로 고발을 일삼았다. 시민들 간에 원한이 쌓여 갔다. 정치적으로 혼란스러운 시기, 아테네인들에게는 희생양이 필요했다. 그들 중 일부는 소크라테스를 지목했고, 소크라테스는 고발당해 법정에 서게 됐다.

노철학자가 사형당한 네 가지 이유

"소크라테스는 국가가 믿는 신들을 믿지 않고, 다른 새로운 신령스러운 것들을 끌어들임으로써 불의를 행하고 있다. 그는 또한 젊은이들을 망침으로써 불의를 행하고 있다."

크세노폰,《소크라테스의 회상》

멜레토스라는 젊은이가 소크라테스를 고발했다. 명목상 이유는 두 가지다. 그가 아테네에서 믿는 신을 믿지 않는다는 것과 젊은이들을 망치고 있다는 것이다.

이 두 가지 고발 이유는 소크라테스의 법정 변론으로 근거 없는 것으로 밝혀진다. 멜레토스가 소크라테스와의 일대일 논박에서 완전히 밀린다. 하지만 멜레토스의 고발 이전부터 사람들은, 특히 아리스토파네스는 그의 희극 〈구름〉에서 소크라테스를 여러 가지 이유로 비난해 왔다.

> "소크라테스는 땅 아래의 일과 하늘의 일을 탐구하고 더 약한
> 논변을 더 강하게 만들며, 다른 사람들에게 바로 이런 것들을
> 가르침으로써 죄를 범하고, 주제넘은 일을 하고 있다."
>
> 플라톤, 《소크라테스의 변명》

소크라테스는 사람들이 자신을 이렇게 비난해 왔다고 말했다. '땅 아래의 일과 하늘의 일을 탐구'한다는 것은 소크라테스를 자연철학자로 오해한 대목이다. '더 약한 논변을 더 강하게 만들며'라는 부분은 당시 많은 돈을 받고 논변술을 가르치던 소피스트와 소크라테스를 혼동한 것이다.

소피스트들은 이상한 궤변으로 상대를 이기는 기술을 가르쳤다. 소피스트들에게 궤변을 배운 사람과 대화하면 이상하게 기분 나쁜 '패배'를 당했다. 소크라테스의 논박술도 대화의 결론이 이와 비슷하게 자기 무지를 인정하는, 기분 나쁜 '패배'를 당하는 것이었다.

소피스트들과 소크라테스의 가르침은 대화의 주제, 비용을 받는지 여부로 완전히 구분될 수 있었지만, 겉으로 드러난 모습으로 비슷한 무리로 간주한 사람들이 있었다. 아무튼 이런 오해도 소크라테스가 소위 말발로 타당하게 해명했다.

하지만 법정의 분위기가 이상하게 흘러갔다. 플라톤의 《소크라테스의 변명》을 보면 소크라테스의 연설은 세 부분으로 나뉜다. 첫 번째는 죄가 있는지 여부에 대한 연설, 두 번째는 유죄가 결정된 뒤에 형량을 제안하는 연설, 세 번째는 최종 사형 판결 확정 후 배심원들을 향한 마지막 연설이었다.

첫 번째 연설 뒤에 유죄 여부를 묻는 판결에서 배심원 500명의 의견은 유죄 280명, 무죄 220명으로 갈렸다. 소크라테스의 유죄가 선고 됐다. 원고 측이 신청한 형은 사형이었다. 대안 형량을 제시할 차례가 되었을 때 소크라테스가 법정에 모인 아테네 시민들의 화를 돋웠다.

> "(나에게) 프리타네이온에서 식사 대접을 받는 일보다 더 어울리는 일은 없을 것입니다. (…) 나에게 돈이 있다면 낼 수 있을 만큼의 벌금을 제안했을 것입니다. (…) 어쩌면 1므나 정도는 낼 능력이 될 것 같네요."
>
> 플라톤, 《소크라테스의 변명》

배심원들도 70살이나 먹은 노인을 굳이 사형까지 시키려고 하지 않았을 것이다. 그들은 소크라테스의 평소 행태로 봤을 때 잘못했다고 싹싹 빌고 눈물을 흘리지는 않더라도 최소한 법정의 결정에 기가 좀 눌리고 반성하는 기색을 보이기를 내심 기대했을 것이다.

하지만 소크라테스는 평소의 모습 그대로였다. 아니, 오히려 평소보다 더 당당했다. 당당하다 못해 오만해 보이기까지 했다. 이런 태도는 결과에 좋지 않은 영향을 줬다. 분개한 배심원들은 360 대 140으로 소크라테스의 사형을 결정했다.

아테네는 소송의 도시였다. 한 해에 최대 4만 건의 소송이 있을 정도였다. 그들은 자기에게 해를 입힌 상대에게 복수하는 것에 익숙했다. 원한을 품은 상대에 대한 저주를 새긴 유물도 종종 발견된다. 그들은 멜레토스의 고발 전에 이미 소크라테스에게 의심의 눈초리를 보냈고 원한을 품었다. 결과는 이미 정해져 있었다.

그렇다면 아테네인들이 소크라테스에게 사형을 내린 진짜 이유는 무엇일까?

첫 번째, 정치적인 이유 때문이다.

소크라테스의 제자 중에는 포티다이아 전투에서 그가 목숨을 구해 줬던 알키비아데스, 30인 참주 중 우두머리였던 크리티아스, 친스파르타 성향의 크세노폰이 있었다.

알키비아데스는 테세우스 같은 영웅적인 면모가 있었다. 그가 참전하는 전투는 거의 승리했으며, 당시 명예로움의 상징이었던 전차 대회에서도 일곱 번을 연달아 우승했다. 외모도 출중해서 그를 따르는 여자가 끊이지 않았다. 한마디로 아테네의 인기 스타였다. 그는 아테네인들에게 사랑받는 정치가, 장군이었다. 알키비아데스는 소크라테스에게 받은 가르침을 제대로 실천하지 않고 제멋대로 굴었다. 그는 야망을 감추지 못했으며, 시칠리아 원정을 준비하는 과정에서 불경죄를 저질러 스파르타로 망명했다.

이후 페르시아, 아테네를 전전하며 풍운아로 살았으나 결국 암살당했다. 아테네인들은 그를 사랑했지만, 그로 인해 펠로폰네소스 전쟁에서의 패배를 맛봤다. 이런 알키비아데스의 스승이었던 소크라테스는 당연히 미움의 대상이 됐다.

크리티아스는 플라톤의 친척이기도 했는데, 30인 참주의 우두머리로 공포 정치를 행하면서 많은 아테네인에게 원한을 샀다. 민주정이 회복된 뒤에 민주파는 소크라테스를 의심의 눈초리로 바라봤고, 이것이 죽음의 한 원인이 되었다.

크세노폰은 과두정을 지지하다 민주 정권이 들어서자 아테네를 떠나 페르시아 왕위 쟁탈 내전에 용병으로 활약했다. 하지만 줄을 잘못 섰다. 당시 페르시아 왕 아르타크세르크세스 2세의 동생이자 자신을 고용한 소(小)키루스가 전사해 버린 것이다.

그는 장군으로 선출되어 자신과 비슷한 처지의 용병 1만 명을 이끌고 적지에서 무사히 탈출하는 리더십을 보여 줬다. 그러나 그 과정에서 스파르타의 왕 아게실라오스 2세와 친분을 쌓고 그에게 고용된다. 아테네인들이 크세노폰과 그 스승 소크라테스를 좋게 볼 리가 없었다.

두 번째, 친스파르타적인 태도 때문이다.

소크라테스는 스파르타의 몇몇 특징을 경외의 눈으로 바라봤다. 스파르타는 국가 중심의 엄격한 전체주의적인 사회였다. 그들은 어릴 때부터 가혹한 군사 훈련을 받으며 강인한 체력을 길렀다. 군사 훈련인 '아고게'에서 죽을 확률이 전쟁에서 죽을 확률과 비슷할 정도라는 말이 있을 정도로 국가 주도로 시민들을 혹독하게 단련시켰다. 스파르타에는 사치가 없었고, 사회 전체가 용맹함을 기르는 것, '칼로스 타나토스(아름다운 죽음)'을 성취하는 것에 큰 자부심을 가졌다.

스파르타 시민은 폴리스와 함께하는 훌륭한 삶을 추구했다. 소크라테스는 '개인적인 이익을 초월하여 훌륭한 삶을 살겠다'는 스파르타인의 소망을 긍정적으로 봤다. 그들이 겉치레보다 삶의 근본에 집중하려는 자세를 높이 평가했다.

펠레폰네소스 전쟁에서 조국을 짓밟은 적국 스파르타. 아테네인에게는 원수의 나라다. 그런데 이 적국을 찬양하는 듯한 소크라테스의 태도에 아테네 시민들은 분노했다.

세 번째, 신령한 존재처럼 행동했기 때문이다.

"나에게는 어떤 신적인 혹은 신령스러운 목소리가 들립니다. (…) 내겐 이것이 어린 시절부터 시작됐습니다. 어떤 목소리가 생겨나는데, 그럴 때마다 늘 내가 하려는 것을 말리긴 해도 하라고 부추긴 적은 한 번도 없었습니다."

플라톤, 《소크라테스의 변명》

소크라테스는 내면의 신령스러운 존재의 소리를 듣는다고 말하곤 했다. 그리고 혼잣말로 내면과 대화하는 모습을 보이기도 했다. 이런 모습이 사람들에게는 이상하게 보였을 것이다. 그가 평소에는 국가가 인정하는 신을 섬긴다고는 하지만 그의 행동이 괴상한 다른 신을 섬기는 것처럼 보였을 것이다.

또한 아테네인들은 소크라테스가 한겨울에 굳이 신을 신지 않고 맨발로 다니는 모습을 보면서 그의 초인적인 면모에 감탄하기도 했지만, 뭔가 악마적인 것을 상상했을지도 모른다. 소크라테스는 신을 경외하고 잘 섬겼으나 일부 아테네인들은 그가 자기만의 어떤 다른 존재를 섬긴다고 오해했다.

신체의 아름다움을 중요하게 생각했던 아테네에서 땅딸막하고 못생긴 그가 마치 선택된 존재, 신과 통하는 우월한 존재인 것처럼 구는 것을 못마땅하게 생각했을 것이다.

네 번째, 자존심 때문이다.

"나는 신이 이 나라에 눌러 붙여 둔 사람입니다. (…) 나는 여

러분의 눈을 뜨게 하려고 한 사람 한 사람 어디든 따라가서 무
릎을 맞대고 온종일 설득하거나 비난하는 일을 그만두지 않는
사람입니다.”

플라톤, 《소크라테스의 변명》

소크라테스의 끊임없는 질문은 열린 마음을 가진 사람들에게
는 축복이었지만, 그렇지 않은 사람들에게는 재앙이었다. 자기 자
식들이 소크라테스에게 '오염'되어 소크라테스식 논박을 부모에게
해 대니 기분이 좋았을 리가 없다.

아테네에서 젊은이들에 대한 교육은 상당히 중요한 문제였다.
특히 펠로폰네소스 전쟁을 통해 전쟁과 질병으로 인구가 확 줄어
든 상황에서 젊은이들은 아테네의 미래였다. 그런데 그 소중한 젊
은이들이 시답지 않은 문제에 매달려 꼬치꼬치 말대답하며 부모
세대를 '무지하다'고 몰아대니 위기감을 느꼈을 것이다.

“(포티다이아에서) 하루는 너무 추워서 아무도 외출하지 않았
습니다. (…) 소크라테스는 늘 입던 외투에 맨발로 얼음 위를
아무렇지도 않은 듯이 다녔습니다. 그 모습에 병사들이 소크
라테스가 그들을 모욕한다고 노여워했지요.”

플라톤, 《향연》

또한 소크라테스의 초인적인 면모도 일부 사람들의 자존심에
상처를 입혔을 것이다.

서양 철학의 시조
소크라테스

"소크라테스는 최초로 철학을 하늘에서 끌고 내려와 마을에
정착시켰고, 사람들의 집안으로 불러들였다."

키케로

소크라테스는 BC 399년 70세의 나이에 동료 시민들에 의해 불
경죄로 고발되어 사형을 선고받고 세상을 떠났다. 철학적 순교자
와도 같은 그의 모습은 많은 이에게 영감을 줬다. 특히 그의 제자
플라톤에게 그랬다.

소크라테스는 스스로 아무런 글을 남기지 않았지만, 걸출한 제
자였던 플라톤과 크세노폰, 그리고 당대 및 후세 작가들의 글을
통해 살아남았다. 또한 소크라테스는 따로 학파를 만들지 않았지
만, 그의 제자들은 소크라테스를 철학자의 이상적인 전형으로 여
기며 다양한 학파를 만들었다.

소크라테스, 플라톤, 아리스토텔레스는 서양 철학사에서 가장

중요한 인물들인데, 이 계보의 시작이 소크라테스다. 소크라테스의 제자인 플라톤은 아카데미아를 세워 스승의 사상을 기반으로 연구와 교육 활동을 주도했다. 플라톤의 아카데미아에서 미학, 도덕, 논리, 과학, 정치학 등 서양 철학의 체계를 정립한 아리스토텔레스가 배출됐다.

플라톤은 형이상학을 중심으로 서양 철학의 토대를 세웠다. 영국의 철학자 화이트헤드는 "유럽의 철학 전통의 가장 안전하고 일반적인 정의는 그것이 플라톤에 대한 일련의 각주들로 이루어져 있다는 것이다"라고 말했다. 서양 철학을 한마디로 플라톤 철학의 각주라고 평한 것이다.

플라톤에게 가장 많은 영향을 끼친 스승이 바로 소크라테스다. 플라톤은 자기가 쓴 대화편의 대부분을 소크라테스의 입을 빌려 기술했다. 물론 저작의 초기에서 중기, 후기로 갈수록 스승의 생각보다 자기 생각을 더 드러냈지만, 플라톤에게 소크라테스의 영향력은 절대적이다.

안티스테네스는 소크라테스의 금욕적이고 소박한 삶의 모습에 영향을 받아 금욕과 자기 극복을 중시하는 키니코스 학파를 창시했다. 키니코스 학파의 대표적인 인물로는 자기를 찾아와 원하는 것을 말해 보라는 알렉산드로스 대왕에게 햇빛을 가리지 말고 비켜 서라고 한 일화로 유명한 디오게네스가 있다.

에우클레이데스는 소크라테스의 대화법(엘렝코스)에 영향을 받아 논리학과 논쟁술 중심의 메가라 학파를 만들었다. 파이돈은 변증법적 탐구를 중시하는 엘레아 학파를, 아리스티포스는 지적 탐구를 중시하는 키레네 학파를 창시했다.

서양의 고대 철학은 소크라테스 이전과 이후로 구분된다. 소크라테스 이전의 철학자들은 자연을 연구한 과학자에 가까웠다. 그들은 '세계의 본질이 무엇인가? 물이냐, 불이냐, 공기냐'와 같은 주제를 다뤘다.

하지만 소크라테스는 주로 '인간'의 문제를 탐구했다. 젊은 시절 잠깐 자연 철학에 관심을 가지긴 했지만, 그가 관심을 둔 것은 지금 당장 우리가 살아가는 데 필요한 지혜였다. 그는 무엇이 옳은지, 어떻게 살아야 하는지에 대한 '윤리'의 문제를 본격적으로 파고들었다. 그는 현실 세계와 단절된, 뜬구름 잡는 이야기에는 크게 관심이 없었다.

소크라테스 덕분에 고대인들은 비로소 '생각하는 법, 철학하는 법, 질문하는 법'을 알 수 있었다. 그는 인간 삶의 목적을 단순히 몸뚱이를 유지하는 것이 아니라고 봤다. 인간은 형이상학적인 존재와의 연결, 올바른 가치의 추구를 통해 깨달음을 찾아가야 한다고 봤다. 그는 형이상학과 윤리학의 기초를 만든 것이다.

이를 통해 사람들이 단지 상대방을 이기기 위한 논쟁이나, 자연 철학을 벗어나 심오하고 넓은 시야와 철학적인 사고를 할 수 있도록 자극했다. 소크라테스는 의심의 여지없이 서양 철학의 시조라고 할 수 있다.

역사상 수많은 사람이 소크라테스에게서 철학적인 통찰력을 얻었다. 그들은 소크라테스라는 거인의 품 안에서 철학적 사유를 할 수 있게 됐다. 스티브 잡스는 "소크라테스와 함께 오후를 보낼 수 있다면 우리 회사의 모든 기술을 그것과 바꾸겠다"라고 말했다. 소크라테스가 IT 기술 전문가도 아닌데 스티브 잡스는 왜 이렇게 말했을까? 그는 지금 가지고 있는 모든 것, 당장의 기술력보다 인간의 본질을 꿰뚫어 볼 수 있는 인문학적 통찰력을 더 중요하게 생각한 것이다.

그렇다면 서양 철학의 시조인 소크라테스 철학의 핵심 키워드는 무엇일까?

① 무지의 지

소크라테스는 오직 신만이 온전한 지혜를 갖고 있다고 봤다. 따라서 인간이 스스로 무엇인가를 안다고 생각하는 것은 착각이며, 인간은 자신이 무지하다는 것을 자각하는 것이 중요하다.

소크라테스는 당대 아테네인들이 자신의 무지를 알지 못하는 데 비해 자신은 무지를 알고 있다는 한 가지 사실만으로 자기가 가장 지혜롭다고 여겼다. 그리고 평생을 아테네인들의 무지를 깨우쳐 주기 위해 동분서주했다. 각자가 무지하다는 것을 깨달아야 지금 삶을 성찰하고, 비로소 제대로 알기 위해 노력할 것이기 때문이다.

② 엘렝코스

상대방의 무지를 깨닫도록 해 주는 전기가오리 소크라테스의 톡 쏘는 바로 그 전기 충격이 엘렝코스(elenchos)다. 소크라테스는 대화 상대방에게 여러 윤리적인 개념(덕, 정의, 용기, 경건, 우애 등)에 대해 묻고, 그들의 대답을 검증하면서 결국 '당신도 나도 아는 것이 없다'는 식으로 대화를 끝맺는다.

엘렝코스는 상대방이 실제로는 아무것도 알지 못하면서도 스스로 안다고 믿는 것을 부숴 버리는 대화 방법이다. 소크라테스가 평생 아테네 시민들에게 가장 많이 시도한 것이 바로 엘렝코스다. 엘렝코스는 소크라테스의 것이다.

일반적으로 알려진 '산파술'과는 다른 개념이다. 산파술은 오히려 자신이 무지하다고 생각하는 사람들에게 사실 알고 보면 그들도 지혜롭다는 사실을 알려 주는 방식이다.

산파는 산모가 원래부터 품고 있던 아이를 세상에 탄생할 수 있도록 도와준다. 이와 마찬가지로, 산파술은 상대방이 원래 가진 지식을 깨닫게 유도하는 기술이다. 즉 원래 갖고 있는 선험적인 지식, 이데아(Idea)를 끌어내 주는 것이다. 산파술은 소크라테스의 입을 빌려 플라톤이 자신의 이데아 이론을 전개한 도구라고 할 수 있다.

③ 윤리적 주지주의

소크라테스가 살던 당시 그리스에는 소피스트들이 판을 쳤다. 소피스트들은 많은 돈을 받으며 연설하는 법을 가르쳤다고 알려져 있다. 그들의 해악은 돈을 많이 받는 정도에 그치지 않았다. 그들은 절대적인 진리가 없다고 여겼다. 진리에 회의적, 상대적인 태도를 보였다.

소크라테스는 이런 태도를 위험하다고 생각했다. 그런 태도는 그가 사랑하는 아테네라는 공동체의 근간을 흔들 수 있었고, 도덕적으로도 올바른 방향이 아니었다. 소피스트들의 논리대로라면 폴리스의 법률, 정의, 훌륭함 같은 가치가 위협받을 수 있었다. 절대적으로 올바른 기준이 없다면 사람들은 모두 제멋대로 행동할 것이고 힘이 강한 자가 폴리스를 좌지우지할 것이었다.

소크라테스는 30인 참주와 민주파가 각각 권력을 잡았던, 아테네 시민들이 서로를 고발하고 죽이던 시절을 체험했다. 정말로 옳은 것을 모르기 때문에 아테네인들이 올바르지 못한 행동에 빠진 것이다. 그래서 소크라테스는 올바른 것을 알아야 한다고 생각했다. 인간은 누구나 무엇이 정말로 옳은지를 안다면 당연히 그렇게 행동할 것이라고 봤다.

바로 '주지주의(主知主義)'다. 즉 정확한 앎, 지성이 인간의 의

지나 감정보다 중요하다는 것이다. 정말로 좋은 것이 뭔지 안다면 모두가 자기 잠재력을 올바르게 발휘한 아레테(arete)의 상태를 추구할 것이라는 생각이다.

그리스어로 'αρετη(아레테)'는 '가장 좋음, 최선의 상태'라는 뜻이다. 사물의 기능이 최대한으로 발휘된 상태, 탁월함을 이른다. 이것을 윤리적으로 해석하면 도덕적인 미덕이라고 할 수 있다. 소크라테스는 아레테를 추구하는 삶, 사는 대로 사는 것이 아닌 탁월함을 추구하는 삶을 지향했다.

소크라테스를
어떻게 이해할 것인가?

소크라테스는 2,400여 년 전 아테네 시민이었다. 그가 전한 보편적인 메시지는 받아들이되 시간적, 공간적인 차이와 한계를 고려해야 한다. 시대적인 맥락을 생각해야 한다는 말이다. 소크라테스의 메시지를 받아들이기 전에 고려해야 할 점을 생각해 보자.

소크라테스는 뼛속까지 아테네 시민이었다. 그는 사형을 기다리면서 친구 크리톤이 돈을 써서 탈출하자고 제안할 때도 아테네의 법을 수호하기 위해서는 그렇게 하지 않는 것이 맞다고 크리톤을 설득했다.

또한 소크라테스는 좋은 시민의 의무를 다하려고 노력했다. 도시를 풍요롭게 만들기 위해 노력하고, 적이 침입했을 때는 마땅히 창과 방패를 들고 전쟁터로 뛰어나가야 한다고 생각했다. 국가, 법에 대한 소크라테스의 충성심은 확고하다. 그 점을 이해하고 소크라테스를 읽어야 한다.

아테네는 신을 섬기는 국가였다. 종교 의례가 없는 날이 1년에 단 하루밖에 없었다고 할 만큼 아테네인들은 신과 함께 살아갔다. 소크라테스도 신에 대한 공경이 남달랐다. 궁극의 지혜는 신만이 소유할 수 있었다. 소크라테스가 보기에 인간이 해야 할 일은 신과 같은 지혜에, 신에게 조금이라도 더 다가가는 것이었다.

소크라테스는 일관되게 물질의 추구를 경계했다. 의식주 문제를 그리 중요하게 생각하지 않았다. 그의 아내 크산티페가 악처로 알려진 것도 소크라테스 때문에 속이 터져서 그랬을 것이다. 가계 경제에 전혀 도움이 되지 않는 대화만 하고 다니는 무능한 늙은 남편에게 다정하게 대하기는 쉽지 않았을 것이다.

지금 우리가 사는 시대는 자본주의 시대다. 물질이 없으면 아무것도 할 수 없다. 물질이 풍요로워야 자기의 잠재력, 탁월함을 더 잘 발휘할 수 있다. 소크라테스의 물질에 대한 기본적인 철학은 배울 만하다. 사람은 소박한 음식, 최소한의 물질로도 생활할 수 있고 행복할 수도 있다. 그러나 대책 없이 현실 생활을 내팽개

쳐 버리는 태도는 아무래도 받아들이기 힘들다. 이런 부분은 걸러서 읽기 바란다.

소크라테스는 글을 남기지 않았다. 우리가 그의 면모를 알 수 있는 것은 제자들과 작가들이 남긴 글을 통해서다. 대표적으로 플라톤, 크세노폰, 아리스토파네스, 디오게네스 라에르티오스 등이 있다.

플라톤은 소크라테스를 이상적인 철학자로 그렸고, 크세노폰은 좀 더 현실적인 모습으로 묘사했다. 아리스토파네스에게 소크라테스는 조롱의 대상이었다. 디오게네스 라에르티오스는 소크라테스 사후 몇 세기 뒤에 태어난 인물로《고대 그리스 철학자의 생활과 의견 및 저작 목록》에서 당시 전해져 내려온 소크라테스의 행적을 알려 줬다.

각각이 전하는 소크라테스의 모습이 조금씩 다르다 보니 소위 '소크라테스의 문제'가 발생한다. 자기 생각을 명확하게 기록한 저작이 없으니 무엇이 진짜 소크라테스의 의중이었는지 확신하기 힘들다. 플라톤은 소크라테스에 대해 가장 많은 글을 썼지만, 어디까지가 소크라테스의 말이고, 어디까지가 소크라테스의 입을 빌린 플라톤의 주장인지 알기 힘들다.

그는 30여 편의 대화편에서 소크라테스를 화자로 내세웠는데 학계에서는 초기, 중기, 후기 저작으로 구분한다. 초기 대화편이 소크라테스의 본래 사상에 가깝다고 본다. 중기 이후로는 이데아설, 상기설 등 플라톤 고유의 사상이 등장하기 시작한다.

실제로 초기 대화편에서의 소크라테스는 대화 중에 답을 내리지 못하고 끝나는 모습을 자주 보인다. 하지만 중기 대화편 이후로는 어떤 답을 정해 두고 상대를 끌고 가는 듯한 대화 방식을 엿볼 수 있다.

이 책에서는 주로 플라톤의 초기 대화편과 일부 주요 중기 대화편, 크세노폰과 디오게네스 라에르티오스의 작품을 중심으로 소크라테스의 모습을 복원했다.

마흔은 탁월함을 위해 도약하는 시기다. 이 시기에 소크라테스만이 우리에게 줄 수 있는 자극이 있다. 소크라테스가 우리 삶의 모든 답을 딱 정해서 알려 주지는 않지만, 어떤 질문을 던지고, 어떻게 사유하는지 살펴보다 보면 분명히 배울 점이 있을 것이다.

소크라테스는 자신의 철학을 행동으로 직접 보여 준 인물이다. 그가 '인생 철학자'로 불리는 이유다. 인생 철학자 소크라테스의 삶의 방식을 차근차근 따라가다 보면 우리가 그동안 앉아서만 인생을, 철학을 공부하고 있었다는 걸 깨닫게 될 것이다.

이제는 행동으로 실천하자. 마흔, 이제 충분히 고민하고 검증한 것을 행동으로 보여 줄 때다.

1장
마흔, 왜 알면서도 행동하지 못하는가
인생 철학자의 삶의 지침

2장
무엇을 묻고
어떻게 답할 것인가
인생 철학자의 대화

3장
어떤 사람으로
살고 싶은가

인생 철학자의 관계

4장
어떻게 이 삶을
보여 주고 싶은가

인생 철학자의 탁월한 삶

나는 아무것도 가르칠 수 없다.
단지 생각하게 만들 뿐이다.

마흔,
왜 알면서도
행동하지
못하는가

인생 철학자의 삶의 지침

01

너 자신을
알라

| 무지의 지 |

"나는 내 무지를 알기 때문에 무지하면서도
안다고 생각하는 사람들보다 낫다."

플라톤, 《소크라테스의 변명》

내가 운영하는 '아레테인문아카데미' 카페에서는 매달 한 권의
고전을 선정하여 필사하고 있다. 고전의 좋은 문장을 그대로 베끼
는 것에서 끝나지 않고, 자기 생각을 쓰고 공유한다. 그 누구도 다
른 이의 생각을 비난하지 않고 자유롭게 각자의 생각과 느낌을 표
현한다. 그래서 고전 속 좋은 문장뿐만 아니라 참여자들의 고민과

생각도 살펴볼 수 있다.

참여자의 대다수는 40대다. 처음에 이 사실을 알고 나서 굉장히 흥미로웠다. '왜 많은 사람이 40대에 접어들어 비로소 고전에 관심을 가질까?', '마흔의 특징은 무엇일까?'를 아래와 같이 생각해 봤다.

- 젊음이 언제까지나 계속될 줄 알았는데, 몸이 예전과 같지 않음을 느낀다.
- 일에 익숙해지고 사회적으로 어느 정도 자리 잡는다. 자기주장과 편견이 강해질 수 있다. '꼰대'로 낙인찍히기도 한다.
- 주변에 사람이 있어도 외롭다.
- 다른 사람을 돌보느라 정작 자신을 제대로 돌보지 못한다. '나다움을 찾고 나답게 살고 싶다'는 강렬한 욕구를 느끼기도 한다.
- 여전히 좌충우돌하고, 남의 평가와 의견에 흔들리기도 한다.
- '실용적인 지식만이 아니라, 흔들리지 않는 지혜를 얻고 싶다'는 생각을 하기 시작한다.
- 매일 일상이 비슷하다. 뭔가를 이룰 줄 알았는데 특별한 것이 없다.
- 인생을 잘 살아온 것인지 한 번쯤 돌아보는 시기다. 앞으로 어떻게 해야 더 잘 살 수 있을지 알고 싶다.

마흔, 여전히
인생이 어렵다

40년 정도를 살아오면서 성공만 하거나 실패만 해 본 사람은 없을 것이다. 성공과 실패의 경험을 모두 갖고 있다. 가슴 벅찬 행복도, 끝이 보이지 않는 절망도 겪어 왔을 것이다. 믿었던 사람에게 배신당하기도 하고, 소중한 사람들을 통해 사랑으로 충만해지는 경험도 했을 것이다. 한마디로 40대는 인생의 쓴맛, 단맛을 어느 정도 본 시기다.

사람들은 인생 내공이 이 정도 쌓였을 때 그제야 삶에서 중요한 근본적인 지혜를 찾으려 한다. '이대로 살아도 될까?'라는 진지한 질문을 던진다. 임기응변이나 잔머리를 굴리는 것만으로는 삶의 근본적인 문제가 해소되지 않기 때문이다. 그래서 인류의 지혜가 담겨 있는 고전에 관심을 기울이는 것이 아닐까?

40대는 내면에서 무엇인가가 '꿈틀거리는' 시기다. 40대와 사춘기를 합친 '사십춘기'라는 말도 있듯 40대는 정신적인 방황의 시기다. '지금껏 제대로 살아온 것이 맞는 것일까?', '앞으로 남은 40년, 아니 어쩌면 그보다 더 긴 세월을 지금처럼 이렇게 살아도 되는 것일까?'라는 의문을 품다 보면 내면의 번뜩임을 찾는 시기이기도 하다.

"아빠는 어떻게 그런 걸 다 알아?"

아이들은 여러 가지 일에 이런저런 설명을 해 주는 나에게 이렇게 말하곤 한다. 아이들보다야 경험이 많고, 사회생활을 20년 가까이 하고 있으니 어지간한 문제에 한두 마디 할 정도는 되는 것 같다. 아이들이 치켜세워 주면 조금 으쓱해지기도 한다. 하지만 과연 내가 아는 것이 얼마나 될까?

아이들은 가끔 어른들의 말에 장난스럽게 몇 번이고 "왜?"라고 묻곤 한다. 집요하게 치고 들어오는 것이다. 이런 질문은 처음에는 장난처럼 시작하지만, 점점 본질적인 질문이 되어 간다. 단어는 똑같이 '왜?'지만 그 내용의 질적 전환이 일어나는 것이다. 표면적인 대답으로는 어찌해 볼 수 없는 막다른 골목에 다다른다. 아포리아다. 그러다 보면 어느 순간 말문이 막힌다. 예를 들면 이런 식이다.

"학생 때는 공부를 열심히 하는 것이 좋아."
"왜? (왜 꼭 공부해야 하는 거야?)"
"그래야 자존감도 높아지고 사회 속에서도 자기 역할을 잘할 수 있지."
"왜? (왜 사람은 사회 속에서 어떤 역할을 해야만 하는 거야?)"
"사람은 사회 속에서 살아가야 하고 그렇게 자기 역할을 하는 게 올바로 살아가는 것이니까."

"왜? (왜 사람들이 올바르다고 하는 대로 살아가야 하는 건데?)"

"그래야 자기가 태어난 목적을 이루는 거니까."

"왜? (사람은 왜 태어나는 거야? 살아가는 데 목적이 있어? 그 목적은 다 같은 거야?)"

이쯤 되면 대답이 궁색해진다. 삶에 대한 근본적인 질문, 철학적인 질문에 보통 어른들은 화내거나 핀잔을 주며 아이의 입을 닫고 자리를 피하려 할 것이다.

하지만 소크라테스는 이런 질문을 피하지 않는다. 그는 중요한 문제를 외면하지 않는다. 그런 문제를 만나면 오히려 더욱 깊이 파고드는 인파이터다. 소크라테스라면 이렇게 이야기를 시작할 것 같다.

"자, 우리 함께 그 문제에 대해 함께 검토해 볼까?"

그리고 이런 식으로 검증을 시작했을 것이다.

"모든 생명의 탄생에는 어떤 목적이 있다고 생각하나, 그렇지 않은 생명도 있을 수 있다고 생각하나?"

"사람의 경우는 어떤가? 태어나는 데 반드시 목적이 있을까? 아니면 그렇지 않을 수도 있을까?"

한 영화 속 "뭣이 중헌디? 뭣이 중허냐고? 뭣이 중헌지도 모르면서"라는 대사가 유행했던 적이 있다. 그렇다. 40대는 정말로 중요한 것이 무엇인지 자문해야 하는 시기다.

물론 '사람은 왜 태어나는 것일까?', '어떻게 사는 것이 올바른 삶일까?'와 같은 질문이 당장 먹고사는 데 큰 도움이 되지는 않는다. 하지만 우리에게 아주 중요한 '철학적인 질문'이다. 이 질문에 대한 답을 명확히 알고 있는 사람은 없겠지만, 고민하지 않고 살아간다면, 자기 나름의 철학을 정립해 두지 않는다면 위태롭다. 삶의 흔들림이 오는 시기, 변곡점에서 와르르 무너져 버릴 수 있다. 실용적인 지식과 함께 철학적인 지혜가 필요한 이유다.

실용적인 지식은 시대에 따라 변한다. 차가 없던 시기에는 마차를 만드는 기술이 중요했을 테지만, 요즘에 마차 제작 기술은 크게 쓸모없다. 자본주의 이전에는 주식이나 채권 등에 대한 지식이 필요 없었지만, 자본주의 세상에서 금융에 대한 기본 지식은 필수다.

하지만 철학적인 지혜는 아무리 시대가 흘러도 변하지 않는다. 2,500년 전에 가죽 신발을 신고 아테네 거리를 거닐던 아테네 시민에게나, 오늘날 뉴욕 한가운데 커피 전문점에서 스마트폰으로 주식을 거래하는 뉴요커에게나 '어떻게 살아야 하는지?'와 같은 질문의 무게는 크게 차이가 없다.

다 알고 있다고
착각하지 마라

"소크라테스보다 지혜로운 자는 없다."

과연 우리는 가장 중요한 것에 대해서 잘 알고 있을까? 몇 번만 캐물으면 할 말이 없어지지는 않을까? 소크라테스는 델포이 아폴론 신전의 신탁을 듣고 어리둥절해졌다. 서문에서 언급했듯이 소크라테스는 신을 경외하고 공경하는 사람이었다. 그가 알고 있는 한 오직 신만이 진정한 지혜를 가진 존재였다. 그런 신, 정확하게는 아폴론 신에게서 이런 신탁이 전달됐다.

아테네의 추악한 이기심 때문에 정의롭지 않은 전쟁인 포티다이아 원정에 참여하면서 올바른 인간의 삶, 진정한 인간의 탁월함에 대해 고민하고 있던 소크라테스에게 '네가 가장 지혜롭다'는 신탁이 전해진 것이 우연이었을까?

소크라테스는 진심으로 당황했다. 소크라테스는 '왜 신은 아는 것이 없는 자신을 가장 지혜롭다고 했을까?'라며 고민했다. 신은 거짓말하지 않으니, 자기가 지혜롭긴 한 모양인데 아무리 생각해도 이유를 알 수 없었다. 소크라테스는 무엇이 정의인지, 아름다움인지, 미덕인지 명확하게 말할 수 없었다.

하지만 신이 그런 메시지를 준 데는 분명 이유가 있을 것이다. 그것을 알아보자는 생각으로 그는 당시 아테네에서 지혜롭다는 평을 듣는 전문가들을 만나고 다녔다. 정치가, 작가, 장인 같은 무리였다. 소크라테스는 그들을 만나 '전기가오리 전기 공격'을 해 봤다. 결과는 대실망이었다. 명성이 있는 그들과 대화를 나눠 봐도 그들도 정작 중요한 것에 대해서는 아는 게 없었다. 오히려 그들은 지적 자만에 빠져 있었다. 안다는 착각이었다.

그들은 자신을 공격하는 소크라테스를 부담스러워했다. 아니, 부담스러워한 정도가 아니라 미워하고 심지어 두들겨 패기도 했다. 사람들은 손쉬운 답을 빨리 내리고 '생각 없이, 고민 없이' 살아가기를 원한다. 그들은 무지의 상태, 자기가 모른다는 사실을 인정하는 상태를 그리 오래 버텨 내지 못한다.

그제야 소크라테스는 신의 뜻을 깨달았다. 자신은 단 한 가지 사실을 명확하게 알고 있다는 점에서 다른 사람들과는 달리 지혜로운 것이었다. 그는 신이 가진 지혜와는 다른 지혜를 갖고 있었다. 아주 인간적인 지혜, 바로 자신의 무지를 깨닫는 것이었다.

"나는 아는 것이 없다."

'무지의 지'. 이것이 서양 철학의 위대한 한 걸음이다. 내가 무지하다는 사실 자체를 자각하는 위대한 앎이다. 델포이의 아폴론 신전에는 이런 말이 새겨져 있었다고 전해진다.

"너 자신을 알라(Gnothi Sauton)."

여기서 알아야 하는 대상인 '너 자신'은 무엇일까? 여러 가지로 해석할 수 있겠지만, 최소한 소크라테스에게 이 말은 '너 자신의 무지'였다.

"너 자신을 좀 제대로 들여다보라. 너는 사실 가장 중요한 것에 대해서는 아무런 지혜가 없다. 아무것도 모른다."

여기서 '아무것도 모른다'는 것은 문자 그대로 지식이 하나도 없다는 의미가 아니다. 뭔가를 알긴 안다. 그런데 그 앎에 대해서 검증해 보지 않았다는 것이다. 우리가 알고 있는 지식은 일반적으로 이렇게 믿고 있으니, 주변 어른들에게 그렇게 배워 왔으니 '그런가 보다' 하고 의심 없이, 비판 없이 받아들인 것이 많다.

그러니 알긴 아는 것 같은데, 실제로는 한 번도 제대로 검증하고 숙고하지 않았으니 정말 아는 게 아니라는 것이다. 안다고 믿고는 있지만, 알지 못하는 것이다. 스스로 검증하지 않은 지식은 아무리 많다고 하더라도 자기의 삶을 탁월하게 해 줄 수 있는 진짜 지혜가 아니다.

소크라테스의 무지의 지를 어떻게 우리 삶에 적용할 수 있을까? 무엇보다도 자신의 무지를 인정하는 것이 중요하다. 먼저 자신의 상태를 인정하는 것에서 모든 변화가 시작된다.

예를 들면 환자가 스스로 아프다는 사실 자체를 인정해야 치료의 단계로 넘어갈 수 있다. 아무리 주변 사람이 치료해 주려 해도 본인이 아프다고 인정하지 않는다면 치료를 할 수 없다. 문제가 발생했을 때 그것이 문제라는 사실 자체를 인정해야 문제의 해결 방법을 찾는 단계로 나아갈 수 있다. 그렇지 않으면 문제 자체를 인지하지 못하고 살아가거나 엉뚱하게 해결하려 들 수 있다.

> "(여사제 디오티마의 말) 무지의 해악은 선하지도 현명하지도 않은 자기 자신에 만족하는 것입니다. 스스로 부족하지 않다고 느끼기 때문에 (부족한 부분을 채울) 욕구를 가지지 않는 것이지요."
>
> 플라톤, 《향연》

무지를 인정하지 않으면 발전할 수 없다. 스스로 부족함을 느끼지 않기 때문에 아무것도 배우려 하지 않는다. 자기가 알고 있는 것이 올바른 것인지 검증하지 않는다. '무지를 인정하는 지혜'

는 무지가 아니다. 가장 지혜로운 것이다. 진짜 무지함은 어설프게 알고 있으면서 아는 척하는 것이다.

서문에서 언급했던 팩맨이 기억나는가? 팩맨이 미로 속에서 안전하게 쿠키를 먹고 오랫동안 게임을 즐기려면 어떻게 해야 할까? 스스로 모든 걸 다 안다고 착각하고 이리저리 날뛰면 고스트에게 걸리기 십상이다.

내 삶을 탁월하게 해 주는 중요한 것들을 모른다는 사실을 인정하는 것, 거기서부터 긍정적인 변화가 일어날 가능성이 생긴다. 중요한 것들을 재정의할 욕구가 생긴다.

우리는 소크라테스의 자극을 받아들여야 한다. 내가 알고 있는 것이 전부가 아닐 수 있다는 사실, 내가 알고 있는 것이 진짜가 아닐 수도 있다는 사실을 인정하는 것부터 진정한 삶의 시작이다.

무지를 깨달아야
비로소 삶이 시작된다.

02

나를 아는 것은
모든 지혜의 근본이다

| 자신 |

"나는 자신을 돌보는 것보다
자신에게 속한 것을 돌보기를 앞세우지 않았습니다."

플라톤, 《소크라테스의 변명》

'정무 장관을 신설해서 여소야대 정국을 돌파할 모양이네.'

'하반기에 수출 호조가 기대되니 당분간 코스피가 상승세겠네.'

'고액 체납자들이 재산을 은닉하는 방법으로 비싼 외제차를 리스하고 있군.'

'가수 ○○의 결혼반지 가격이 5,000만 원이나 한다네.'

'지난 주말 잠실 야구장에서 A 팀이 B 팀을 상대로 6 대 5로 역전승했네.'

당신은 아침에 일어나 가장 먼저 무엇을 하는가? 직장인이라면 출근 준비하면서 뉴스를 틀어 놓거나, 출근길에 인터넷 신문을 보는 경우가 많을 것이다. 혹은 주요 신문의 헤드라인을 확인하기도 할 것이다. '세상 돌아가는 것'을 알아야 다른 사람들과 대화가 되기 때문이다. 주식이나 부동산 투자를 한다면 시장 동향을 파악하는 습관이 필요하다. 일터에서는 하루 종일 해야 할 일들로 분주하고, 잠깐 시간이 날 때는 동료들과 이런저런 가십거리를 이야기하느라 시간을 보낼지도 모른다.

우리가 하루를 어떻게 보내는지 생각해 보자. 대부분 관심이 외부에 집중되어 있다. 이렇게 외부에 관심을 두는 게 나쁜 것은 아니다. 나를 둘러싼 주변 환경에 대해 잘 알아야 일하는 데 도움이 되고, 올바른 판단을 내릴 수 있다. 정치, 경제, 사회, 연예인, 스포츠 등 사람들과 대화하기 위한 소재를 많이 갖고 있는 것도 능력이고, 친화력을 증명할 수 있는 수단이 될 수도 있다.

그런데 눈뜨고 나서부터 하루 종일 이렇게 외부로만 관심을 돌리면 '나'는 누가 돌볼 것인가? 소크라테스는 우리를 둘러싸고 있는 외부 환경에 대한 일은 '자신에게 속한 것'이라고 말했다. '무엇인가에 속한 것'은 '무엇'보다 소중한 것이 아니다. 자신에게 속한 것, 즉 외부의 환경은 '자신'보다 소중한 게 아니라는 말이다.

소크라테스는 많은 사람이 돈벌이나 자기 집안 살림, 군대의 지휘나 대중 연설, 국가의 관직 등에 정신을 빼앗겨 더 나은 삶을 살 기회를 잃고 있다고 생각했다. 그런 일들이 중요하지 않은 것은 아니지만, 더 중요한 것은 자신을 돌보는 것이라 봤다.

늙은 철학자가
죽기 직전에 외친 말

소크라테스와 공자의 생각은 유사한 점이 아주 많다. 자기를 먼저 돌봐야 한다는 생각도 마찬가지다. 유가의 경전 《대학》에는 '수신제가치국평천하(修身齊家治國平天下)'라는 공자의 가르침이 소개되어 있다. 수신(자기 몸을 닦음)이 되어야 제가(집안을 가지런히 함)를 할 수 있고, 치국(나라를 다스림)과 평천하(천하를 평화롭게 함)가 된다.

가장 근본은 자기 몸을 닦는 것이다. 자기 몸을 닦으려면 어떻게 해야 하는가? 치국과 평천하의 원대한 이상을 꿈꾸기 전에 먼저 자신을 알아야 한다. 소크라테스의 무지의 지도 '자기 자신에 대한 무지를 알라'는 의미다.

"자네들이 스스로를 돌본다면 (…) 무엇을 하든 나와 내 가족과 자네들 자신을 위해 기쁜 일을 하는 것이네."

플라톤,《파이돈》

소크라테스의 절친 크리톤이 소크라테스가 독미나리즙을 마시기 전에 가족이나 그 밖의 일에 대해 일러 줄 것이 없는지 물었다. 이때 소크라테스는 자기가 싸늘한 시체가 되어 버린 후 다른 이들에게 자기 몸을 닦는 수고를 끼치지 않기 위해 목욕을 하러 가기 직전이었다.

"스스로를 돌볼 것!"

삶의 마지막이 다가오는 순간, 어쩌면 마지막 당부가 될지도 모르는 말. 소크라테스는 각자 자신을 돌보라고 했다. 70년 평생 지혜를 사랑하는 자로 살아온, 자타가 공인한 노철학자의 마지막 당부였다.

소크라테스는 인간으로서 가장 훌륭하고 현명한 자가 되기 위해 자신을 돌봐야 한다고 말한다. 그렇다면 '자신을 돌본다'는 것은 구체적으로 무엇일까? 자신에 대한 무지를 깨우치는 것이다. 무지를 깨우친 다음에는? 자기 자신을 연구해야 한다. 자세히 들여다봐야 '무엇을 잘하는지', '어떤 일을 할 때 행복한지', '어떤 재능을 갖고 있는지', '어떤 가치관을 소중히 여기는지' 등을 알 수 있다.

한 인간에게 중요한 것은 누구의 아들이라는 집안, 혈통이 아니다. 기업 부장이라는 명함도 아니다. 억 단위 자산이라는 재산도 아니다. 무슨 대학교 출신이라는 학벌도 아니다.

그런 것은 모두 껍데기다. 껍데기는 그 사람에게 속한 것이지 그 사람 자체가 아니다. 껍데기가 아닌 진짜 자신이 누구인지 이해를 높이는 것이야말로 인간이 정성을 다해야 할 일이다. 소크라테스는 사람들에게 그것을 깨우쳐 주는 일을 자기 일이라 여겼다.

하루는 소크라테스가 자신만만하고 미남이었던 젊은이 에우튀데모스를 만났다. 에우튀데모스는 영민한 청년이었고, 스스로 지혜를 추구한다는 자부심과 자신감이 넘쳤다. 그는 당시 아테네의 똑똑한 젊은이들과 마찬가지로 정치가, 연설가가 되려고 했다.

그는 '너 자신을 알라'는 델포이 신전의 경구에도 주눅 들지 않고 당당했다. 왜냐하면 자기가 자신을 아주 잘 알고 있다고 생각했기 때문이다. 그는 자신감이 넘친 나머지 소크라테스와 같은 스승에게 무엇인가를 배우려고도 하지 않았고, 자기에게 스승이 있으면 수치스러울 것이라 여겼다.

하지만 소크라테스가 누군가? 소크라테스는 이런 전도유망한 젊은이가 자기 생각에만 갇혀 배우지 않으면 훌륭하게 성장할 수 없다는 것을 알았다. 그는 사람들이 모여 있을 때 에우튀데모스가 들을 수 있도록 넌지시 유능한 정치가나 연설가가 되려는 사람은

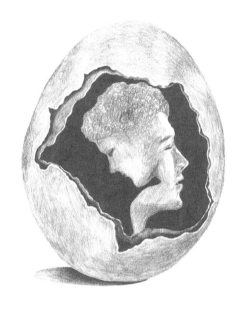

보이는 것들에 집중하느라
정작 자신의 내면은 돌보지 못하고 있는가?
나를 볼 줄 알아야 인생을 볼 수 있다.

반드시 훈련받고 기술을 공부해야 한다고, 스승이 필요하다고 말했다. 에우튀데모스가 어느 정도 설득되자 마구 제작공의 가게에 함께 앉아 그에게 전기가오리 공격을 시작했다. 에우튀데모스와의 대화 중 소크라테스의 핵심적인 질문은 바로 이것이었다.

"누가 자신을 안다고 생각하나? 자기 이름만을 아는 사람인가,
아니면 말 장수와 같이 행동하는 사람인가?"

크세노폰, 《소크라테스 회상록》

소크라테스는 에우튀데모스에게 자기 이름만 아는 사람은 진정으로 자기를 아는 사람이 아니라고 했다. 이 말에서 '이름'은 앞서 언급한 집안이나 사회적인 지위, 재산, 학벌과 같은 껍데기다. 그는 말 장수처럼 행동하는 사람이야말로 자신을 제대로 아는 사람이라고 했다.

갑자기 웬 말 장수일까? 고대 그리스에서 말은 상당히 중요한 동물이었고 값비싼 재산이기도 했다. 올림피아 제전에서 네 마리 말이 끄는 전차 경주가 큰 인기를 끌었고, 전쟁에서도 기병대의 역할은 꽤 중요했다.

말 장수는 정확한 정보를 바탕으로 말을 사고팔아야 값비싼 거래에서 손해를 보지 않는다. 자기가 소유한 말의 장단점을 정확히 알아야 제값을 받고 팔 수 있고, 새 말을 살 때도 그 말의 특성을

잘 파악해야 한다. '사람 말을 잘 듣는지, 고집이 센지, 힘이나 속도는 어느 정도 되는지'와 같은 말의 자질을 충분히 살펴봐야 제대로 된 말 장수라고 할 수 있다. 여러 가지 측면에서 말을 검증한 뒤에야 그 말에 대해서 '안다'고 말할 수 있다. 훌륭한 말 장수는 말을 정확하게 검증하는 능력을 지닌 사람, 말에 대한 최고의 전문가다.

에우튀데모스는 교만하게도 자기가 자신을 잘 알고 있다고 했지만, 소크라테스는 그렇게 생각하지 않았다. 그는 인간으로서 자기 자질을 다양한 관점으로 충분히 검증하고 확인해야 한다고 생각하고 말 장수의 비유를 들어 어린 제자를 경계했다.

자신을 알려면 가만히 있어서는 안 된다. 말 장수가 말을 객관적으로 충분히 관찰하듯이 사람도 자신을 객관적으로 들여다봐야 한다. 객관적으로 바라보려면 어떻게 해야 할까? 한 걸음 떨어져야 한다.

만약 말 장수가 '이 말은 태어날 때 내 손으로 처음 받았던 말이야', '저 말은 아버지께서 돌아가시기 전에 물려주신 말이야', '저 말은 아주 비싸고 혈통 좋은 말이지'와 같이 말에게 주관적인 가치를 더해 바라본다면 정확한 자질과 능력을 파악하고 값을 매기기 힘들 것이다. 가치가 낮더라도 애착이 있는 말에는 비싼 값을 매기고, 가치가 높더라도 관심 가지 않는 말은 싼 값을 매길 것이다. 제멋대로 값을 매긴다면 다른 사람들이 동의하지 않을 것이다.

사람도 마찬가지다. 우리는 자신을 있는 그대로, 객관적으로 살펴야 한다. 남의 눈에 있는 작은 티끌은 보면서 자기 눈에 있는 들보를 보지 못하는 '관대함', 자기를 너무 부족하다고 몰아붙이는 '가혹함'은 객관적인 자기 인식의 적이다. 이외에도 객관적으로 자기를 바라보기 위해 필요한 태도는 무엇일까?

자기 감정에 솔직해져라

영화 〈인사이드 아웃 2〉에는 13세 여자아이 '라일리'의 내면 감정들이 캐릭터로 의인화되어 나온다. 특정한 사건이 일어나면 그 사건에 대한 대표적인 감정이 생겨난다. 각각의 감정에는 고유의 색이 있는데, 사건은 감정과 같은 색깔의 공으로 만들어져 기억 창고에 차곡차곡 쌓인다.

사춘기가 되기 전 라일리의 감정 본부의 리더는 기쁨이였다. 기쁨이는 슬픔이, 버럭이, 까칠이, 소심이를 데리고 라일리의 행복을 위해 최선을 다한다. 기쁨이는 긍정적이지 않은 사건에 대한 기억은 저 멀리 날려 버린다. 라일리의 행복을 위해 머릿속에 항상 즐겁고 유쾌한 기억만으로 가득하게 한 것이다.

하지만 라일리가 사춘기가 되자 상황이 달라진다. 불안, 당황, 따분, 부러움이 감정 본부에 새롭게 자리를 잡고, 사춘기의 불안과 부러움이 중심이 되어 기존 감정들을 밀어내 버린다. 그러면서 원래 라일리의 자아 정체성에도 변화가 생긴다. 라일리의 신념이 "나는 좋은 사람이야(I am a good person)"에서 "나는 부족해(I am not good enough)"로 변해 버린 것이다.

영화는 기쁨이를 중심으로 한 감정들이 라일리의 부정적인 신념과 감정을 뿌리 뽑고 본래의 긍정적인 신념을 회복하는 스토리로 진행되지 않는다. 기쁨이는 부정을 긍정으로 대체하려고 하지만, 결국 긍정적인 감정과 신념, 부정적인 감정과 신념 모두를 끌어안는다.

이처럼 불안해하는 것도 나 자신이고 기쁨을 느끼는 것도 나 자신이다. 있는 그대로의 나를 객관적으로 바라보고 인정하는 것이 성숙해 가는 모습이다. 엄연히 존재하는 인간의 부정적인 감정을 애써 외면하려고 하는 것은 자기기만이다.

객관적으로 자신을 바라보기 위해서는 자기기만의 유혹을 물리쳐야 한다. 에우튀데모스는 자신에 대해 실상 아는 것이 없었음에도 다 안다고 자기를 속여 왔다. 자신에 대한 무지는 지적 게으름으로 이어졌다. 그는 자신에 대해 전혀 탐구하지 않았다. 자기이름만 알았지, 말 장수가 말을 관찰하듯 자신을 돌보지 않았다.

기쁨이는 부정적인 기억들을 저 멀리 날려 버리면서 즐거워했지만, 어느 순간 '내가 뭘 놓친 것일까?' 하면서 괴로워한다. 슬프면 울어야 하고, 불안하면 충분히 불안해하고, 부러우면 부럽다고 하는 것이 자기를 속이지 않고 있는 그대로 보는 것이다. 그렇지 않다고 발버둥 치는 것은 자기기만이다.

자기기만의 함정을 벗어나기 위해서는 솔직해져야 한다. 소크라테스는 정말 너무하다 싶을 정도로 솔직했다. 그는 아테네인들의 기만적인 자의식에 빌붙으려 하지 않았다. '당신들은 미덕에 대해 아는 것이 없다는 사실을 알지 못한다', '당신들은 정의롭지 못하다', '외적인 것에 정신을 빼앗기지 말고 당신 자신을 돌보라' 같이 있는 그대로 표현했다.

사람은 누구나 더 나은 삶을 꿈꾼다. 더 성장하여 훌륭한 존재가 되고 행복하길 바란다. 소크라테스는 더 나은 삶을 위해서 자신을 돌보라고 말한다. 그는 사람들이 자기에게 속한 껍데기와 외부 환경에 몰두하느라 정작 자기 자신과 불화하다고 봤다. 자신을 돌볼 때, 그래서 자신과 화해할 때 비로소 살 만한 인생을 살고 진정한 행복을 얻을 수 있다고 믿었다.

**스스로를 먼저 돌보지 못하면
더 나은 인생을 기대할 수 없다.**

03

자신의 본성을
얼마나 알고 있는가

| 내면 |

"끊임없이 자기 모습을 거울에 비춰 보라.
아름답다면 그에 걸맞은 사람이 되도록 노력하라.
추하다면 교양으로 그 추한 모습을 덮도록 하라."

디오게네스 라에르티오스, 《그리스 철학자 열전》

하루는 한 지인의 얼굴에 살짝 멍든 자국이 있는 것을 봤다. 왜 그런지 궁금했지만, 사생활을 꼬치꼬치 캐묻는 것은 예의가 아닐 것 같아 이유를 물어보지는 못했다. 다행히 그 지인이 직접 말해 줘 원인을 알 수 있었다.

아침부터 정신없이 회사 일을 하고 퇴근 후에는 독박 육아로 분주했던 하루, 아이들을 재우고 나서 자신에게 주는 보상으로 누워서 SNS를 보다가 깜빡 잠들었단다. 그런데 그만 손에 잡고 있던 스마트폰을 떨어뜨린 것이었다. 요즘 스마트폰 무게가 보통 200그램 정도 나간다. 20~30센티미터 높이를 자유 낙하하는 스마트폰에 얼굴을 맞으면 꽤 아팠을 것이다. 누구든 한번쯤 경험해 본 적 있을 것이다.

"SNS를 보고 있으면 도대체 내가 뭘 하고 있는지 모르겠다."
"처음에는 재미있지만, 계속 보고 있으면 남과 나를 비교하게 된다."
"어떻게 저렇게들 예쁘고 멋있는지…. 나만 오징어가 된 것 같은 기분이다."

SNS 속에는 콘텐츠 크리에이터들 혹은 일반인들이 자신의 아름다운 외모와 멋지고 풍요로운 일상을 보여 주기 위한 사진과 동영상이 넘쳐 난다. 알고리즘이 연결해 주는 사진이나 영상을 계속 보고 있자니, 이런 생각이 든다.
다이어트는 무조건 해야 하고 성형도 좀 해 주면 좋을 것 같다. 보톡스는 기본이고 도자기 같은 피부를 위해 모공도 관리해 줘야 센스 있는 사람이 될 것 같다. 점점 나이가 들면서 외모가 예전 같지 않다는 생각이 드는 40대라면 더더욱 그런 마음이 들기 쉽다.

마흔. 피부가 조금씩 축축 늘어지고, 거칠어진다. 기미가 늘어 피부색이 어두워지기도 한다. 아랫배가 점점 나오기 시작하는데, 설상가상으로 흰머리도 늘고, 머리숱까지 줄어들면 패닉 상태에 빠진다.

그런데 SNS 속 사람들은 어떠한가. 그들은 신기하게도 젊음을 유지하고 있다. 활력이 넘치고, 아름답고 완벽한 외모를 자랑한다. 멍하니 보고 있자면 '나는 왜 이 모양이지?', '나는 도대체 뭐하고 있는 거지?'라는 생각에 한숨이 나온다.

못생긴 외모로 유명했던 철학자

외모가 아름다운 것은 분명 축복이다. 만족스러운 외모를 가지면 자신감이 생긴다. 멋진 외모를 가진 사람은 건강해 보이기도 하고, 많은 직업에서 아름답고 멋진 외모는 그 자체가 엄청난 경쟁력이 되기도 한다. 그렇기에 누구나 아름답고 멋진 외모를 갖고 싶어 하는 것은 당연하다.

소크라테스가 살았던 기원전 5세기, 테세우스의 나라 아테네 사람들의 아름다운 외모에 대한 찬양은 거의 종교적이었다. 그들에게 겉으로 드러나는 아름다움은 특별한 의미가 있었다. 그들은 아름다운 외모가 그 사람의 훌륭하고 고귀한 영혼의 증거라고 생각했다. 그리스의 조각상들을 살펴보면 대부분 인간으로서 혹은 신으로서 아름다움, 특히 육체의 아름다움의 극치를 표현해 놓았다. 고대 아테네인들에게 아름다움은 신이 내린 선물이었다.

그런 아테네에 미인 대회가 없었을까? 당연히 있었다. 그런데 오늘날과는 대상이 좀 다르다. 고대 아테네에서 여성은 남성과 동등한 지위가 아니었다. 날이 어두워질 때나 축제 기간 외에 여성이 남편이나 아버지 같은 남성 보호자 없이 거리를 활보하고 다니는 것은 상상하기 힘들었다.

아테네인들은 아름다움을 종교적으로 숭상했지만, 여성을 위한 미인 대회가 있었다는 기록은 없다. 미인 경연 대회는 남성이 대상이었다. 칼리스테이온이라 불리던 미인 대회가 판아테나이아 축제 기간에 열렸는데, 이 대회에서 우승한 사람은 올리브기름 100암포라를 상품으로 받았다. 아테네인들은 남성의 신체적인 건강과 아름다움을 신성하게 여기고 숭상했다.

아테네인들은 평소에도 김나지움(체육관)에서 체력 단련을 하면서 건강하고 아름다운 몸을 가꾸기 위해 노력했다. 소크라테스도 예외는 아니었다. 소크라테스가 미덕과 영혼을 강조하는 철학자이다 보니 그를 육체 단련에는 관심없는 사람으로 오해하는 경우가 있을 수도 있겠다. 소크라테스는 육체의 단련을 가치 없다고 여기지 않았다. 그는 누구보다도 건강했고 강인한 체력의 소유자였다.

소크라테스는 김나지움을 어슬렁거리며 동시대의 아테네인들과 어울렸다. 그는 아테네인들 사이에서 못생기기로 소문이 났다. 그는 키가 작고 뚱뚱했다. 아름다움의 기준이 시대마다, 지역마다 차이는 있지만, 소크라테스는 대체로 어느 시대와 장소에서도 크게 환영받지 못할 몸매였다. 그는 몸매만 볼품없었던 것이 아니다. 얼굴은 더 가관이었다. 눈은 마치 전기가오리처럼 툭 튀어나와 있었고, 심지어 옆으로 쭉 찢어져 있었다. 코는 들창코에 입은 지나치게 크고 입술이 두툼했다.

사람들은 그를 실레노스와 같은 외모를 가졌다고 묘사했다. 실레노스는 그리스 신화에 나오는 반인반수의 존재로, 포도주의 신 디오니소스의 양아버지로 등장한다. 그는 항상 술에 취한 상태의 뚱뚱한 노인으로 묘사된다. 못생김의 대명사가 실레노스인데, 아테네인들은 소크라테스의 모습이 딱 실레노스라고 했다. 지금도 남아 있는 소크라테스의 동상을 보면 대부분 이런 묘사와 비슷한 얼굴을 하고 있다.

크세노폰이 《향연》에서 들려주는 칼리아스가 베풀었다는 가상의 만찬회 이야기에서 소크라테스의 익살을 볼 수 있다. 향연 자리에서 참석자들이 즐겁게 술과 음식을 해치우며 이런저런 대화를 주고받다가 당대의 대표 미남 크리스토불로스와 대표 추남 소크라테스 중 누가 더 잘생겼는지 논쟁이 벌어졌다. 술자리이니 가능한 일이었다. 누가 봐도 실레노스의 화신 소크라테스보다 크리스토불로스가 더 미남이었다.

하지만 소크라테스는 크리스토불로스의 입으로 '기능에 맞도록 잘 만들어진 것은 아름답다'는 말을 이끌어 낸 뒤 자기가 기능적으로 더 뛰어난 눈과 코를 가졌다고 너스레를 떨었다.

> "자네 눈은 앞만 보지만 내 눈은 툭 튀어나와 양옆도 볼 수 있으니 내 눈이 자네 눈보다 더 아름답네. (…) 자네의 콧구멍은 땅을 향하지만 내 콧구멍은 사방의 냄새를 맡을 수 있게 열려 있으니 내 코가 더 아름답네."
>
> 크세노폰,《향연》

이쯤 되니 크리스토불로스는 반쯤 포기했다.

> "입이 음식을 먹기 위해 만들어진 것이라면 선생님 입은 제 입보다 더 많이 먹을 수 있으니 더 아름답다고 동의하겠습니다."
>
> 크세노폰,《향연》

소크라테스는 자기 인식이 확실한 인물이었다. '못생김'과 같은 인식도 확실했다. 자기 자신을 아는 데는 전문가였으니까 말이다. 그는 사람들이 자기 외모에 대해 놀려도 끄떡하지 않았다. '그래, 나 못생겼다. 실레노스의 화신이다. 그런데 이런 장점도 있거든!' 하고 익살스럽게 받아쳤다.

그는 외적인 아름다움에만 집착하는 아테네인들에게 일침을 날렸다. 그들은 '보이는 아름다움'에만 집착했다. 사람은 아름다워 보이는 것이 아니라 정말로 아름다워지는 것이 중요하다. 외적인 아름다움은 물론 중요하지만, 그것만으로는 안 된다. 그것은 반쪽 짜리, 아니 반쪽도 안된다. 철학자라면, 진정으로 탁월한 삶을 살려는 사람은 내면을 탐구해야 한다.

내면이 죽음을
제지하지 않았다

"자신을 알라는 말은 자기 영혼을 알아야 한다는 것이다."

플라톤, 《알키비아데스》

무지의 지는 자기 자신에 대한 앎이다. 소크라테스가 말한 자기 자신은 곧 '프시케(psyche)'였다. 고대 그리스어로 프시케는 숨, 호흡을 뜻하는 말이다. 호흡은 곧 생명이고, 생명의 핵심은 영혼이다. 그래서 프시케는 영혼을 의미한다.

철학자가 갑자기 영혼을 이야기하니 좀 당황스러울 수도 있겠다. 하지만 소크라테스가 살던 당시에는 영혼이라는 관념이 일반적이었다. 육체 속에는 영혼이 깃들고, 육체가 죽음에 이르면 영혼은 하데스로 간다는 것이 보편적 인식이었다.

플라톤은 영혼이 육체 이전에 존재하며 불멸한다고 보기도 했다. 영혼이라는 단어가 불편하다면 우리는 '내면'으로 대체하여 이해하면 자연스러울 것이다. 즉 무지의 지는 자기 내면에 대한 앎이다.

"사람들의 비난을 피하려고 신들이 보내는 신호를 무시하는 것은 어리석네. 인간의 모든 의견은 신들의 조언에 비하면 아무것도 아니네."

크세노폰, 《소크라테스 회상록》

소크라테스는 자신에게 종종 신령스러운 내면의 소리가 들린다고 했다. 소크라테스는 내면의 소리를 잘 따랐는데, 그의 내면의 소리가 소크라테스의 정치 참여를 반대했다.

소크라테스는 이러한 내면의 반대가 자기에게 아주 훌륭한 것이었다고 생각했다. 펠로폰네소스 전쟁, 30인 참주정, 민주정으로 정권 교체 등 정치적으로 불안했던 시기에 만약 소크라테스가 열심히 정치 활동을 했다면 더 이른 죽음을 피하기 힘들었을 것이기 때문이다.

소크라테스가 들었던 내면의 소리는 정의롭지 않은 일, 가치 없는 일을 할 때는 그를 제지했다. 하지만 소크라테스가 재판에서 죽음을 선고받던 날, 그가 집을 나설 때나 변론할 때 신령스러운 내면의 소리는 그를 제지하지 않았다. 그래서 소크라테스는 자신에게 죽음은 예정된 것이며 기꺼이 따라야 할 것으로 판단했다.

그가 아테네인들의 판결에 수긍하는 것, 목숨을 부지하기 위해 추방형을 선택하거나, 아테네에서 입을 다물고 산다는 것은 70년간의 자기 삶을 부정하는 행위일 것이다.

소크라테스는 기꺼이 죽음을 받아들였다. 그리고 자신의 주장을 아테네인들의 뇌리에 깊이 새겼다. 소크라테스가 '최초의 철학 순교자'라 불리는 이유다. 그에게 내면의 신령스러운 소리는 진리의 소리, 양심의 소리가 아니었을까?

소크라테스는 자기의 행동을 많은 이가 비난한다는 사실을 잘 알고 있었다. 그는 바보도, 눈치가 없는 사람도 아니었다. 하지만 사람들을 만나 무지의 지를 일깨워 주는 일을 멈추지 않았다. 내면에서 솟아 나오는 양심의 소리가 그를 멈추지 않게 했다.

헤르만 헤세의 책 《데미안》의 서문은 다음과 같은 명문장으로 시작한다. 소크라테스를 떠올리게 하는 문장이다.

"난 오직, 진정 내 안에서 솟아 나오는 번뜩임을 따라 살려 했다. 왜 그것이 그토록 힘들었을까?"

내면의 번뜩임을 따라가는 것은 나로 살아간다는 것이다. 나로 살아가려면 소크라테스가 평생 강조한 것처럼 자기 자신을 알아야 한다. 자신을 알기 위해서는 내면의 목소리에 귀를 기울여야 한다. 내면의 목소리에 귀를 기울이기 위해서는 고요해야 한다.

여기서 '고요하다'는 물리적으로 조용한 상태만 의미하는 것은 아니다. 정신을 빼앗기지 말아야 한다는 뜻이다. 외면의 아름다움, 외부의 소음에 정신을 빼앗기면 자기 안에 솟아 나오는 내면의 번뜩임을 따라가기 힘들다.

**겉모습에
현혹되지 않는 것부터 시작이다.**

04

무엇이 옳은지 아는 사람은 옳은 일을 한다

| 판단력 |

"아름답고 좋은 것을 아는 자는
다른 것을 선택하지 않을 것이다."

크세노폰, 《소크라테스 회상록》

'프렌치 패러독스(French Paradox)'라는 말이 있다. 기름진 음식을 즐기는 프랑스인들이 비슷한 식생활을 하는 여타 서구인들에 비해 심장병에 걸리는 확률이 낮은 현상을 가리키는 말이다. 프랑스인들이 기름진 음식을 그렇게 많이 먹어 대는데 오히려 심장병은 덜 걸리는 사실이 역설적이다.

프랑스인들의 음식 사랑은 유별나다. '프랑스'하면 떠오르는 것 중 하나가 다양하고 고급스러운 음식이다. 매년 프랑스에서 발행되는 《기드 미슐랭(Guide Michelin)》, 일명 미슐랭 가이드는 숙박 시설과 식당 정보를 제공하는 1,300쪽 정도의 두꺼운 책인데, 매년 50만 부 이상 팔린다. 미슐랭 가이드에서는 음식의 재료, 풍미, 개성과 창의성, 가격, 맛의 일관성 등을 기준으로 주요 음식점에 1~3개까지 별을 부여한다. 최고 등급인 별 3개를 받는 레스토랑은 금세 1년 이상 예약이 가득 차 버린다.

고급 레스토랑에서 먹는 정찬은 프랑스식 코스를 기본으로 한다. 식전주, 전채 요리, 수프, 메인, 소르베, 로띠, 샐러드, 치즈, 디저트, 커피까지 이어지는 코스는 수많은 고급 식재료의 향연이다. 소금, 버터, 올리브유, 크림, 치즈를 아끼지 않은 소스에 기름진 육류, 해산물에 함께 하는 와인 한 잔…. 낭만적이다. 하지만 이렇게 기름진 음식을 즐기는 프랑스인들은 혈액 순환에 문제가 없을까?

잘못된 지식에서
잘못된 판단이 나온다

1991년 미국 CBS 방송 〈60 Minutes〉라는 프로그램에서 프렌치 패러독스가 소개됐다. 프랑스의 학자 세흐쥬 르노는 방송에서 프랑스인들이 식사 때 즐겨 마시는 레드 와인이 심장병 발병률을 줄일 수 있다고 언급했다. 이후 미국에서는 레드 와인 소비량이 1년 만에 44퍼센트가 증가했다. 대중은 레드 와인이 심장병 예방에 도움이 된다고 '믿었다'.

그렇다면 하루 한 잔 정도의 와인은 정말 건강에 도움이 될까? 실제로 레드 와인 속에는 항산화 물질인 폴리페놀의 일종인 레즈베라트롤이 들어 있긴 하다. 하지만 이 성분을 1그램을 섭취하려면 레드 와인을 하루에 500병 정도는 마셔 줘야 한다. 극미량의 항산화 물질을 얻으려다 술독에 빠져 죽을 수도 있는 것이다.

세계보건기구에서는 술을 1급 발암 물질로 규정하고 있다. 레드 와인도 예외는 아니다. 술의 주성분은 에탄올인데, 이 에탄올은 몸속에서 흡수될 때 아세트알데히드라는 물질을 생성한다. 술을 마시고 난 뒤 숙취는 이 아세트알데히드 때문이다. 아세트알데히드는 암을 유발하는 독성 물질이다.

알코올과 수명의 관계에 대해 최고 전문가로 알려진 캐나다 약물 남용 연구소의 팀 스톡웰 박사는 2023년에 이와 관련된 논문을 발표했다. 그의 연구에 따르면 사람들이 수십 년간 말해 왔던 '식후 한두 잔 술은 건강에 좋다'는 상식은 과학적 근거가 빈약한 믿음이었다. 일주일에 두 잔 정도의 술만 마셔도 수명이 3~6일 정도 줄어든다. 하루 한 잔의 술을 즐긴다면? 인생에서 두 달 반의 시간이 사라진다. 하루 다섯 잔을 마시는 사람은 2년 먼저 세상을 뜰 수 있다.

알코올은 일반적인 상식과 달리 건강에 무조건 해로운 독이다. 알코올은 심장, 뇌, 신경계, 간, 췌장 등의 장기를 망가뜨리고 세포를 손상한다. 암은 염증에서부터 시작되는데, 알코올은 체내에 염증을 유발한다. 암의 직접적인 원인이 될 수 있다. 혈압 상승, 영양소 흡수 방해, 면역 체계 약화…. 알코올의 해악은 끝도 없다. 이 정도면 알코올이 독이라는 것을 명확하게 알 수 있지 않은가?

자, 이제 술과 건강의 관계에 대해 정확한 지식을 얻었다. 어떻게 할 것인가? 평소 술을 즐겨 마시던 사람 중에 대부분은 '음, 그래? 그럼, 술 마시는 것을 조금 줄여 볼까?'라고 생각할 것이다. 하지만 얼마 지나지 않아 '사회생활을 하기 위해 어쩔 수 없이', '스트레스를 풀기 위해', '먹고 운동하면 되니까', '친구들이 먹자는데 안 먹을 수 없어서'와 같이 오만가지 이유를 대며 다시 이전으로 돌아갈 수도 있다.

만약 앞에서 제시한 팀 스톡웰 박사의 연구 결과를 요약한 신문 기사나 논문 자료, 유튜브 내용 등을 찾아서 본다면 어떨까? 기사 몇 개만 검색해 봐도 흥미로운 사실을 알 수 있다.

- 그간 한두 잔 술이 건강에 좋다는 결과를 뒷받침하는 연구들이 주류업계의 지원을 받았다.

- 세계보건기구 권고 하루 적정 알코올 섭취량은 남성 40그램 (소주 네 잔), 여성 20그램(소주 두 잔) 이하지만, 캐나다 보건 당국은 성인 음주 권장량을 일주일에 두 잔으로 낮췄다.
- 레드 와인을 마시는 사람이 건강한 이유는 레드 와인을 소비할 수 있는 여유가 있는 사람들이 보통 더 건강한 식단과 생활 습관을 유지할 수 있기 때문이다.

이 정도 내용까지 손품을 팔아 확인하면 앞으로 술을 멀리할 이유는 충분하다. 술이 정말로 내 몸에 나쁘다는 것을 정확하게 알면 더 이상 자발적으로 술을 찾지는 않을 것이다. 현실적으로 완전히 술을 끊기는 힘들 수 있지만, 마시는 양을 줄일 수는 있다.

그렇다면 소크라테스는 술을 마셨을까? 마셨다. 그것도 한 번에 아주 많이 마셨다. 소크라테스는 종종 귀족들의 술자리에 초대받았고, 즐겁게 대화를 나누며 포도주를 많이 마시고 즐겼다. 뒤에서 다시 말하겠지만, 소크라테스는 철인(哲人)이면서 철인(鐵人)이기도 했다. 보기 드물게 건강한 사람이었고, 아무리 술을 마셔도 끄떡하지 않았다.

그는 나이를 불문하고 친구들과의 우정을 중요하게 여겼다. 당대 아테네의 유명 인사들과 철학적 대화를 나누며 저녁 술자리에 어울렸다. 하지만 소크라테스가 술이 건강에 미치는 영향을 정확하게 알았다면 그렇게 술을 많이 마시지는 않았을 것이다. 그가 술을 많이 마신 건 술에 대해 무지했기 때문이다.

전기가오리에게 감전당한 메논

"이보게 메논, 자네는 정말로 나쁜 것인 줄 알면서 원하는 사람이 있다고 생각하는가?"

플라톤, 《메논》

소크라테스가 메논에게 한 말이다. 메논? 어디서 본 기억이 있지 않은가? 이 책을 열심히 읽었다면 이 이름을 기억하고 있을 것이다. 맞다. 소크라테스를 '전기가오리'라고 한 바로 그 사람이다. 메논은 그리스 북부 테살리아 출신의 귀족 청년이었는데, 소피스트인 고르기아스의 제자였다.

플라톤의 대화편 《메논》은 메논이 소크라테스에게 "미덕은 배울 수 있는 것인가?"라고 질문하면서 시작한다. 소크라테스는 미덕에 대해 자신은 아무것도 모른다고 말한다. 소크라테스가 미덕에 대해 스스로 무지를 고백했을 때 메논의 반응이 재미있다.

"정말 미덕이 무엇인지 모르시나요? 선생님께서 미덕을 모르신다고 제 고향에 돌아가서 전할까요?"

보통 이런 도발에는 화를 내거나 톡 쏘아붙이는 말을 할 법도 한데 소크라테스는 역시 소크라테스다.

"이보게, 어디 그뿐이겠는가, 그에 더해서 소크라테스는 일찍 이 미덕을 아는 다른 이도 만난 적이 없다고 생각하더라고 말해 주게."

이어지는 대화에서 메논은 자기가 미덕이 무엇인지 알고 있다 고 주장하면서 미덕에 대한 정의를 내린다.

① 남자의 미덕은 국가의 일을 처리할 능력이 있으며 친구들에 게는 이롭게, 적에게는 해롭게 하면서 자기는 해를 입지 않 도록 조심하는 것이다.
② 여자의 미덕은 살림을 알뜰하게 꾸리면서 재산을 보전하고 남편에게 복종하는 것이다.
③ 이렇게 미덕은 각자의 역할에 따라 다르다.
④ 용기, 절제, 지혜, 고상함 등은 미덕이다.

소크라테스는 이런 미덕의 정의는 적절하지 않다고 봤다. 건강이 남자에게도 있고 여자에게도 있는 것처럼 건강은 하나의 개념이지 사람마다 차이가 있는 것은 아니다. 미덕도 마찬가지다. 미덕도 모든 사람에게 같은 것인데 메논은 사람마다 다르다고 정의한다. 소크라테스는 ④번처럼 수많은 미덕의 예시가 아닌 이런 미덕을 전부 포괄하는, 전체로서 온전한 단 하나의 미덕을 정의해야 한다고 메논에게 말했다.

소크라테스를 도발하려다가 한 방 얻어맞은 메논. 그는 정신을 가다듬고 미덕을 다시 정의했다.

⑤ 미덕은 아름다운 것들을 원하고 획득할 능력이다.

소크라테스는 미덕에 대한 메논의 새로운 정의를 듣고 어떻게 반응했을까? 그는 아름다운 것들을 원하는 사람이라면 좋은 것들을 원하는 사람이라고 생각했다. 그리고 모든 사람은 좋은 것을 원한다고 여겼다.

그런데 메논은 나쁜 것을 원하는 사람도 있다고 말했다. 앞서 예를 든 술이나 담배, 마약 등. 사람들은 궁극적으로는 자기에게 해로운 것들을 원하고 중독되기도 한다. 그런 것을 보면 메논의 말이 완전히 틀린 것 같지는 않다.

하지만 정말로 나쁜 것인 줄 안다면, 사람들은 그것을 원하지 않는다. 나쁜 것을 알고도 원하는 것은 그것이 정말로 나쁘다고

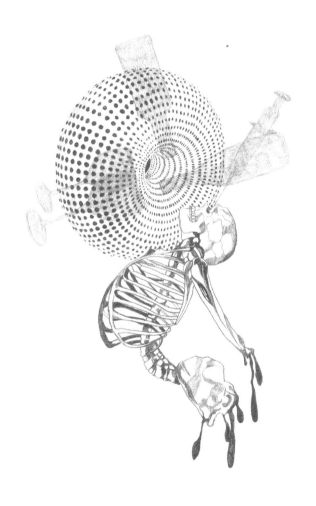

나쁜 것을 끊어 내지 못하는 사람은
그것이 나쁘다는 것을 모르는 상태와 같다.

생각하지 않기 때문이다. 예를 들어 보자. 술이 나쁜 것을 모르는 사람은 없다. 술을 많이 마시면 안 된다는 것은 다 안다. 그러나 술을 좋아하는 사람들은 술의 장점을 강조한다.

① 스트레스 해소에 도움이 된다.
② 사회생활을 위해 필요하다.
③ 하루 한두 잔 술은 오히려 건강에 도움이 된다.
④ 술 마시고 건강하게 오래 사는 사람도 수두룩하다.
⑤ 체질에 따라 다르다. (나는 술이 잘 받는 체질이다.)

결국 '나쁜 것'을 원하는 사람은 '자기가 알기로는 좋은 것'을 원한다. 나쁜 것들이 정말로 자기에게 해롭다는 것을 정확히 안다면, 그것을 선택하지 않을 것이다. 왜냐하면 세상에 자기에게 나쁜 것을 행해서 자신을 파괴하고 불행해지기를 원하는 사람은 없기 때문이다.

그렇다면 무엇이 중요할까? 정확한 앎이다. 무지를 벗어나는 것이다. 우리에게 남에게서 주워들은, 수동적으로 받아들인 가짜 지식은 필요치 않다. 잘못된 지식, 무지는 잘못된 판단의 근거다.

스스로 다양한 측면에서 검증하고, 숙고한 결론에서 나온 앎이 가치 있는 것이다. 충분히 검증된 지식이 하나씩 늘어날 때마다 판단을 그르칠 확률이 줄어든다. 아무 생각 없이 상식을 받아들이지 말라. 하나하나 검증해 보자. 생각하는 전기가오리가 되어야 올바른 판단을 할 수 있다.

가장 좋은 판단은 정확한 앎에서 나온다.
생각하는 전기가오리가 되라.

05

삶의 목적이 없다면
존재의 의미가 없다

| 소명 의식 |

"내가 살아 있고 할 수 있는 한
지혜를 실천하고 가르치는 것을 멈추지 않을 것입니다."

플라톤, 《소크라테스의 변명》

'파이어(FIRE)족'이라는 말이 있다. 파이어는 'Financial Independence, Retire Early'의 첫 글자를 딴 단어다. 40대 전후에 되도록 빨리 경제적으로 자립하고 조기 은퇴를 추구하는 삶의 방식을 실천하는 사람들을 뜻하는 말이다.

많은 40대가 경제적 자유를 꿈꾼다. 하지만 파이어는 경제적인 자유와는 의미가 조금 다르다. 누구에게도 경제적으로 예속되지 않는다는 점에서는 비슷하지만, 파이어는 불필요한 소비를 줄여 경제적인 자립을 추구한다는 점에서 경제적인 풍요로움을 즐긴다는 경제적 자유와는 차이가 있다.

파이어족의 특징을 정리하면 다음과 같다. 먼저 소비를 줄이기 위해 소비 패턴을 합리적으로 설계한다. 그리고 종잣돈을 모아 조기 은퇴를 위한 목표 자산을 형성한다. 목표 자산을 형성한 후에는 안정적으로 투자한다.

쓸데없는 소비를 줄여 종잣돈을 모으고 은퇴를 위한 목표 자산을 형성해 가는 라이프스타일은 바람직해 보인다. 합리적인 소비와 미래를 준비하는 태도는 파이어족에게 배울 만한 점이다. 좋은 소비 습관을 갖고 싶다면 참고할 수 있겠다.

하지만 파이어족에는 우려스러운 점이 있다. 왜 꼭 조기 은퇴를 해야 하는가? 빨리 은퇴하고 싶다는 희망에는 지금 하고 있는 일을 긍정적으로 보지 않는 관점이 내재되어 있다.

일은 그저 돈벌이를 위한 수단이라 힘들고, 더 나이가 들어서는 할 만한 것이 아니기 때문에 되도록 빨리 그만둬야 한다는 관점이 과연 바람직한가? 일은 꼭 빨리 그만둬야 하는 것인가?

"오직 물질적 부만을 위해 일한다면 스스로 감옥을 짓는 셈이다."

생텍쥐페리, 《인간의 대지》

경제적인 독립을 빨리 이루고 일을 그만두겠다는 생각은 일을 돈벌이의 수단으로만 여기는 의식에서 나온다. 돈벌이는 중요하다. 하지만 일을 통해 얻을 수 있는 효용이 오직 돈밖에 없다는 생각은 위험하다. 우리는 일을 통해 여러 사람들과 연결될 수 있다.

또한 스스로 가치 있다고 생각하는 것을 하면서 보람도 느낄 수 있다. 매일 눈을 뜰 때 할 수 있는 일이 있다는 사실은 행복의 조건 중 하나다. 일을 통해 즐거운 시간을 얻을 수 있다는 점, 일을 통한 만족감이나 즐거움에 집중한다면 일에 대한 부정적인 생각을 벗어날 수 있다.

은퇴하면 빨리 늙는다는 말이 있다. 한 지인의 아버지가 대기업에서 정년퇴직한 뒤에 우울감을 느끼다가 아파트 경비 일을 시작하면서 극복했다는 말을 들은 적이 있다. 그분은 생활비가 부족하지도 않았고, 취미가 없지도 않았다.

하지만 노는 것도 한두 달이지, 의미 없는 시간을 보내며 힘들었던 것이 아닐까? 직업에 귀천은 없지만, 대기업에서 일하던 자존심을 생각한다면 아파트 경비원을 한다는 결정은 쉽게 내리지 못했을 것이다.

그분에게는 매일 아침 일어나 출근할 곳이 있다는 사실, 사람들과 소통하며 도움을 주는 일을 하는 것이 가치 있었다. 일터는 일종의 놀이터일지도 모른다. 유희하는 존재인 인간은 놀이를 박탈당하면 본질적인 절망감을 느끼는지도 모른다. 즐겁게 일할 수 있는 환경을 박탈당하는 것은 괴로운 일이다.

서핑을 못 하는 두려움이
더 컸던 소녀의 이야기

2003년 10월 31일, 하와이 제도에서 네 번째로 큰 섬인 카우아이섬의 터널스비치. 13세의 한 소녀가 친구들과 아침부터 서핑을 즐겼다. 그날따라 바닷가에 바다거북들이 우글거리는 것이 이상했지만, 소녀는 개의치 않고 서핑 보드에 엎드려 왼팔을 바닷속에 넣고 파도를 헤쳐 나갔다.

그러던 중 소녀는 갑자기 4미터가 넘는 크기의 뱀상어에게 공격을 받았다. 뱀상어는 백상아리와 함께 대표적인 식인 상어로, 몸길이가 최대 6미터에 이르는 거대한 어종이다. 뱀상어는 소녀의 왼쪽 팔과 보드 일부를 뜯어 가 버렸다. 소녀는 혈액의 60퍼센트를 잃었지만, 함께 간 동료들의 빠른 지혈로 목숨을 건질 수 있었다.

소녀의 이름은 베서니 해밀턴. 걸음마를 익히자마자 파도를 타기 시작해 8세부터 서핑 대회에 출전했고, 처음 출전한 대회에서 우승했다. 13세에는 미국 서핑 협회 국내 챔피언십에서 2위를 하는 등 청소년 시절 다양한 서핑 대회에서 좋은 성적을 거둬 서핑계의 유망주였다.

하지만 그녀가 팔을 잃고도 서핑을 계속할 것이라고 기대한 사람은 거의 없었다. 그녀는 사고 후 3주간 병원에서 치료를 받았다. 치료가 끝나고 퇴원한 지 일주일만에 다시 서핑을 시작했다.

그녀는 한 손으로도 서핑을 할 수 있는 특수 보드를 제작했고, 바로 다음 해부터 대회에도 출전했다. 그녀는 2016년 피지에서 열린 월드 서프리그에 출전하여 세계 랭킹 1위 선수를 꺾고 3위를 차지했다.

그녀는 왜 군이 서핑을 다시 시작했을까? 사고 후 바다에 들어갈 때 상어가 다가올지도 모른다는 두려움은 없었을까? 트라우마를 핑계로 그만두고 싶지 않았을까? 한 팔로 보드 위에서 균형 잡는 것이 힘들지 않을까?

그런데 그녀는 이렇게 말했다.

"서핑에 대한 내 열정이 상어에 대한 두려움보다 더 컸습니다."

그녀가 돈을 벌기 위해 보드를 탈까? 그녀는 세계적인 유명인이다. 그녀는 《소울 서퍼》라는 제목의 자서전을 냈고, 이 책은 동명의 영화로도 제작됐다. 또한 그녀는 여러 곳에서 강의 요청을 받고 있고, 행사에도 초대받고 있다. 이러한 활동들의 수입으로 생활은 충분할 것이다. 그녀가 돈이 부족해 파도를 타는 것이 아니다.

그녀에게 서핑은 단순한 돈벌이 수단이 아닌, 삶 그 자체다. 그녀는 일종의 소명 의식으로 서핑을 계속하고 있다. 그녀에게 서핑은 살아 있음을 느끼게 해 주는 행위다. 그녀에게 은퇴는 할 수 있는 한 미뤄야 하는 일이다.

소명 의식의 끝판왕은 소크라테스다. 그는 묵묵히 자기 일을 해낸 모범을 보여 줬다. 플라톤의 《소크라테스의 변론》의 한 장면으로 들어가 보자. 그는 누군가가 자기에게 이렇게 물을지도 모른다고 자문했다.

"소크라테스, 당신을 때 아닌 죽음으로 몰고 갈 당신 삶의 그
과정이 부끄럽지 않소?"

플라톤, 《소크라테스의 변명》

소크라테스는 자신을 죽음으로 몰고 갈 위험은 멜레토스나 아뉘토스의 고발보다 많은 사람의 비방과 시기라고 생각했다. 지금까지 그가 시민들을 붙잡고 미덕에 관해 물으며 그들의 무지를 깨우쳐 준 일에 대해 많은 이가 소크라테스에게 앙심을 품어 왔던 것이다.

미움 받아도
포기하지 않은 것

"젊은이들에게 시험당한 이가 자기 무지에는 화내지 않고 나
(소크라테스)에게 화냈습니다. 아무것도 모른다는 것을 받아
들이고 싶지 않았기 때문입니다."

플라톤, 《소크라테스의 변명》

당대 젊은이 중 많은 이가 소크라테스와의 대화에서 깨달음을
얻었다. 무지를 깨닫고 올바른 삶을 살려 했다. 여기까지는 좋은
데, 그들이 자기 아버지나 기성세대를 상대로 무차별 전기가오리
공격을 했다. 무지를 지적받은 아테네 시민들은 쿨하게 그들의 무
지를 인정했을까? 천만의 말씀이다. 예나 지금이나 꼰대들과의 대
화는 벽과 대화하는 것과 유사하다.

그들은 무지를 인정하기는커녕 소크라테스를 미워했다. 착한
자식들이 이상한 늙은이에게 잘못 배워서 버릇없어졌다고 생각
했다. 자존심 상한 그들은 소크라테스를 예의주시했고, 소크라테
스의 제자 중 아테네의 안전에 위협을 가한 자들을 보며 언젠가는
소크라테스를 제거해야겠다고 생각했다.

소크라테스는 굉장히 영민한 사람이었다. 이런 분위기를 잘 알
고 있었다. 그는 변론 상황에서 자신을 미워하는 사람들로 인해
언젠가는 목숨이 위태로울 수 있다는 사실을 언급했다. 하지만 그

는 자기가 해야 할 일을 하는 과정에서 죽음에 대한 두려움은 계산하지 않았다. 그는 소명 의식을 갖고 할 일을 했다. 설사 그것 때문에 목숨이 위험해진다고 해도 말이다.

소크라테스에게도 롤 모델이 있었을까? 물론 있었다. 철저한 그리스인이었던 그에게 호메로스의 《일리아스》 속 주인공들은 마음속 영웅이었다. 그중 주연 격인 아킬레우스는 두 가지 운명의 갈림길에 서 있었다.

첫 번째는 트로이 전쟁에서 공을 세우고 명성을 얻는 대신 때 이른 죽음을 맞는 것이다. 두 번째는 명성은 얻지 않되 천수를 누리는 것이다. 소크라테스는 변론 중에 아킬레우스의 결정에 대해 언급했다.

《일리아스》에 따르면 아킬레우스는 트로이와 그리스 연합군 간 전쟁이 10년째 되는 해에 총사령관 아가멤논과의 불화로 전투에 참여하지 않는다. 가장 뛰어난 장군이 전투에서 빠지자 그리스 연합군은 수세에 몰린다. 이 상황을 타개하기 위해 그의 절친한 친구 파트로클로스는 아킬레우스를 전투에 참여시키려 설득한다.

하지만 아킬레우스의 뜻이 완강한 것을 알고 대신 자기가 아킬레우스의 투구와 갑옷을 걸치고 전투에 나선다. 아킬레우스가 다시 전장에 온 것으로 알고 사기가 오른 그리스군은 트로이를 몰아

치지만, 전장 깊숙이 들어간 파트로클로스는 그만 트로이의 왕자 헥토르와의 일대일 대결에서 죽고 만다.

> "당장 죽어도 좋습니다. 저는 고향으로 돌아가지 않을 겁니다. 이제 저는 싸움터에 나가겠습니다. 죽음의 운명은 신들이 원하시는 때 언제든 받아들이겠습니다."
>
> 호메로스, 《일리아스》

아킬레우스는 친구의 복수와 명예의 회복을 위해 죽을 운명을 껴안고 다시 전장으로 향한다. 결과는 어떻게 되었을까? 답을 알려 주기보다는 당신의 고전을 읽는 즐거움을 위해 호메로스의 《일리아스》, 오비디우스 《변신 이야기》를 추천하니 읽고 확인해 보면 좋겠다.

> "(전투에서) 지휘관들이 내게 명령했을 때는 죽음을 무릅쓰고 자리를 지켰으면서, 내가 생각하기에는 신이 나에게 자신과 다른 이들을 탐구하는 철학자의 사명을 완수하라고 명했는데, 죽음이 두려워 자리를 버리고 떠난다면 정말 이상한 일입니다."
>
> 플라톤, 《소크라테스의 변명》

소크라테스는 아킬레우스가 자기의 일을 하기 위해 죽음과 위

험에 신경을 쓰지 않았듯이 자신도 죽음에 이를지라도 자기 일을
계속할 것이라 말했다.

소크라테스는 포티다이아, 암피폴리스, 델리온 전투에 참전하
여 지휘관들의 명령에 따라 용감하게 싸운 전사였다. 그는 전장
에서 지휘관의 명령에 따라 자기 소명을 다했듯이 이제 신이 내린
명령에도 자기 소명을 다하겠다고 말했다.

그런데 주목해야 할 것은 신의 내렸다는 이 명령이 외부에서
주어졌다기보다는 스스로 정의한 것이라는 점이다. 카이레폰이
델포이 신전에서 소크라테스가 가장 지혜로운 인간이라는 신탁
을 전했다고 해서 그가 굳이 시민들에게 미움을 받고, 급기야는
죽음의 위협까지 받으면서 그들에게 무지의 지를 전할 것까지는
없었다.

하지만 소크라테스는 그렇게 했다. 신이 자신과 다른 이들을
탐구하는 시명을 자신에게 주었다고 '생각하고 해석(as I conceive
and imagine)'했다. 그렇게 소명 의식으로 가득한 소크라테스는
세상 무서운 전기가오리가 되어 아테네 거리를 여기저기 헤집고
다녔다. 그는 아테네에 전염병이 돌 때도, 스파르타에 포위됐을
때도, 평화로울 때나 전쟁 상황에서도 늘 자기 일을 했다.

소명 의식으로 자기 일을 하는 사람은 행복하다. 우리가 소크
라테스처럼 엄청난 소명 의식으로 가득 찰 필요는 없다. 지금 하

는 일에서 소명 의식을 가진다면 좋겠지만, 그렇지 않을 수도 있다. 지금 하는 일이 만족스럽지 않을 수 있다. 일하러 가는 것이 고역이고 특별한 가치를 느끼지 못할 수도 있다. 하지만 어쩌랴, 지금까지의 내 생각과 행동의 결과로 그 일을 하고 있음을.

최소한 지금 하는 일에서 가치를 찾아야 한다. 그 안에서 배울 수 있는 것을 찾아 성장해야 한다. 그렇게 성장해 간다면 정말로 하고 싶은 일을 할 수 있는 기회가 열릴 것이다. 그러나 지금 하는 일이 그저 싫어서, 돈벌이에 불과한 일에 내 인생을 갈아 넣기 싫어서 일을 그만두려고 한다면 다시 한번 자신을 돌아봐야 한다.

소명 의식을 가지려면 소크라테스처럼 '생각'해야 한다. 가만히 앉아 있다고 해서 '이게 네 삶의 소명이란다'하며 주어지는 일은 없다. 자신에 대한 무지를 벗어나 가치관에 맞는 일을 고민하며 찾아가는 과정이 인생이다.

이 삶에서 당신의 소명이 무엇인지
치열하게 고민하고 생각하라.

06

삶은 자신의
선택대로 흐른다

| 행복 |

"사람은 자신에게
가장 좋은 것을 탐구해야 한다."

플라톤, 《파이돈》

그리스어로 행복은 '에우다이모니아(eudainonia)'다. 이 말은 '좋은/잘(eu)'이라는 말과 '다이몬(daimon)'이 합쳐진 말이다. 좋은 다이몬? 무슨 말일까? 다이몬은 '영적이거나 신적인 존재'를 의미한다.

소크라테스는 종종 다이몬의 소리를 듣는다고 했다. 그에게 다이몬은 자신에게 맞지 않는 어떤 일을 하려고 할 때 하지 않도록 메시지를 주는 존재였다. 《파이돈》에 의하면 죽음 직전의 소크라테스에게 시를 쓰라는 메시지를 주기도 했다. 다이몬은 '영혼'이나 '신성' 혹은 '수호신' 정도로 번역할 수 있다.

그렇다면 에우다이모니아의 뜻은 무엇일까? 바로 '인간의 영혼이 좋게 작동하는, 잘 살아가는 상태'를 말한다. 잘 사는 것이 행복한 것이니 '행복'으로 번역되지만, 에우다이모이나는 단순히 개인적인 만족감 차원의 행복은 아니다.

자기 삶의 의미를 찾고 소명을 완수하면서 혹은 미덕을 실천하면서 느끼는, 좀 더 고차원적인 행복이라고 할 수 있다. 가장 이상적인 영혼의 상태로, 자기 잠재력을 실현하면서 보편적인 도덕성도 갖추는 것이다.

누구나 잘 살고 싶어 한다. 행복을 추구한다. 인생의 절반 정도를 살아온 마흔도 마찬가지다. 지금까지 살아온 시간에는 행복한 순간도 있었고, 떠올리기에 부끄럽거나 다시는 생각조차 하고 싶지 않은 끔찍한 상황도 있었을 것이다.

이미 지나온 시간은 되돌릴 수는 없다. 어쩔 수 없다. 하지만 누구든 남은 삶의 여정은 되도록 행복하고 싶을 것이다. 우리가 인문학을 공부하고 철학책을 뒤적이는 것도 어떻게 살아야 좋은지, 행복이 무엇인지 알고 싶어서가 아닐까? 그렇다면 어떻게 해야 행복하게 잘 살아가는 것일까?

숨죽여 닭을
관찰하던 아이 이야기

어느 날 영국의 한 소녀가 아무런 말도 없이 사라졌다. 가족은 아이를 찾을 수 없어서 경찰에 실종 신고를 했다. 5시간이 지난 뒤 실종 신고는 없던 일이 됐다. 닭장 속에 숨어 있던 소녀를 발견했기 때문이다. 아이가 닭장 속에서 숨죽이고 있었던 이유는 암탉이 어떻게 알을 낳는지 알아내고 싶어서였다. 이 소녀는 훗날 세계적인 침팬지 연구자로 성장했다.

제인 구달은 영국의 동물학자로, 침팬지 행동 연구 분야에서 세계 최고의 권위자다. 그녀는 90대가 된 오늘날에도 학자로서, 환경 운동가로시 왕성하게 활동히고 있다.

구달은 어릴 때부터 동물에 관심이 많았다. 마당에서 발견한 지렁이를 베개 밑에 가져다 두는가 하면, 여자아이들이 좋아하는 예쁜 인형 대신 험상궂게 생긴 침팬지 인형을 껴안고 놀았다. 10대 때는 동물 애호 단체를 조직해 박물관을 만들고 전시회를 열기도 했다. 기금을 조성해 안락사당하기 직전의 늙은 말을 구해 주기도 했다.

그녀는 소설 《타잔》을 읽고 아프리카를 동경하며 언젠가 꼭 가

보기를 소망했다. 흥미로운 것은 그녀의 이름이 《타잔》 속 여자 주인공 제인과 같다는 점이다.

구달은 22세에 드디어 친구의 초대로 케냐를 방문했는데, 이 시기에 나이로비 국립 자연사박물관장이었던 루이스 리키 박사를 만났다. 리키 박사는 구달을 비서로 쓰면서 그녀의 관찰력과 인내심을 눈여겨봤다.

리키 박사는 그녀에게 침팬지 연구를 권하고 물심양면으로 적극적인 지원을 했다. 인생의 멘토를 만난 구달은 침팬지 연구에 전념할 수 있었고, 기존의 상식을 깨는 놀라운 연구 결과를 발표해 사람들에게 신선한 충격을 줬다.

그중 하나는 침팬지가 도구를 사용한다는 사실이었다. 도구를 사용하는 사람이라는 뜻의 '호모 파베르'라는 말이 있듯이 인간과 동물을 구분 짓는 가장 중요한 특징 중 하나가 도구를 사용할 줄 안다는 점이다.

그런데 구달은 침팬지들이 풀줄기를 개미굴에 넣었다 뺐다 하면서 붙어 나오는 흰개미들을 먹는다거나, 지렛대를 사용하는 행동 등을 관찰하여 발표했다. 이후 인간에 대한 정의는 단순히 도구를 쓰는 것으로는 충분치 않게 됐다.

구달은 인간만큼 침팬지도 잔인하다는 사실도 발견했다. 침팬지들은 서열 다툼이나 사냥할 때 말고도 자기들끼리 심각하게 싸우거나 해친다. 특히 영역 다툼을 할 때 엄청나게 잔인한 모습을 보인다. 다른 집단의 침팬지들을 거의 몰살하거나, 자기편이 아닌 새끼 침팬지를 그저 재미로 잔인하게 살해하거나 잡아먹는 행동도 한다. 침팬지 무리의 이러한 모습은 이익을 얻으려고 서로 전쟁하며 죽이는 인간 사회의 축소판과 같다.

구달은 침팬지에 관한 연구 외에 동물들의 보호에도 앞장섰다. 그녀는 임상 실험에 사용되는 동물의 수를 제한하고 동물들의 사육 환경 개선에 힘썼다. 침팬지의 서식지 보호를 위해 아프리카 현지에서는 주민들을 대상으로 생태 교육을 하는 한편, 경작지 변경 등을 실행에 옮기고 있다. 1991년에는 '뿌리와 새싹'이라는 국제적인 환경 운동 단체를 설립해 환경 운동도 열정적으로 수행하고 있다.

60여 년을 침팬지와 함께하고 있는 제인 구달. 그녀는 행복할까? 아마도 행복할 것이다. 구달은 자기에게 맞는 일, 하고 싶은 일을 마음껏 하고, 자기가 가장 잘하는 분야에서 최선을 다하기 때문이다.

또한 그녀가 하는 일이 의미가 있기도 하다. 자기 혼자 만족하고 마는 개인적인 쾌락을 추구하는 일이 아니다. 그리고 공동체를 위한 가치 있는 일이기에 깊은 아마도 만족감과 행복을 느끼고 있을 것이다. 구달은 자기가 할 수 있는 한 최선의 삶을 살아가고 있기에 행복하다.

풍경을 보고 아이처럼
신이 난 소크라테스

"어떤 사람이 하고 싶은 걸 아무것도 할 수 없다면, 행복하리
라고 생각하는가?"

플라톤, 《뤼시스》

소크라테스도 하고 싶은 일을 하고 살아야 행복하다고 믿었다.
소크라테스는 행복을 추구했을까? 물론 행복을 추구했다. 하지만
그는 행복해지는 것 그 자체만을 목적으로 추구하지 않았다. 더
근본적인 것, 즉 살 만한 삶, 좋은 삶을 살기 위해 노력했다. 행복
은 그 과정에서 얻을 수 있는 것이다.

"자신을 아는 사람은 자기가 할 수 있는 것과 그렇지 않은 것
을 구별한다네. 그런 사람은 자기가 할 수 있는 일을 함으로써
빵(필요한 것)을 얻고 행복해진다네."
"무슨 일도 해낼 수 없다고 믿는 사람은 불행하지만, 농사든
항해든 자기 직업에서 성공했다고 믿는 사람은 행복하다네."

크세노폰, 《소크라테스 회상록》

소크라테스는 자기를 알고, 자신이 원하는 것, 잘하는 것을 하는 게 행복이라고 생각했다. 자기에게 맞는 삶이 행복한 삶이다. 여기서 중요한 것은 무엇이 자기에게 맞는지를 스스로 고민해야 한다는 점이다.

스스로 고민하지 않고 남에게서 주어진 일만 해서는 행복할 수 없다. 자신에 대한 무지를 벗어나야 자기가 할 수 있는 일을 정확히 알 수 있고, 자기가 잘할 수 있는 일을 알아야 자기 일에서 성공했다고 할 수 있다. 그래야 행복을 느낀다.

올더스 헉슬리의 SF소설《멋진 신세계》는 디스토피아적 세계관을 대표하는 작품이다. 서기 2540년을 배경으로 한 이 소설에서 국가는 개인을 철저하게 통제한다. 마치 자동차가 컨베이어 벨트 위에서 제조되듯 인간도 컨베이어 시스템으로 제조된다. 모든 인간은 인공 수정으로 태어나기 때문에 유리병 속 작은 아이들은 부모가 누구인지도 모른다.

아이들은 이미 정해진 유전자의 특성, 지능 수준에 따라 알파, 베타, 감마, 델타, 엡실론이라는 계급이 결정된다. 그들은 어릴 때부터 반복적인 암시와 교육으로 주어진 역할만 수행하도록 정해진다. 사회에서 정해 준 필요한 일, '해야만 하는 일'만 있는 세상이다.

"자기가 해야 할 일을 좋아하는 것, 그것이 바로 행복의 비결이지. 모든 조건 반사 훈련의 목표가 바로 그것이야. 피할 수 없는 사회적 숙명을 좋아하도록 하는 게 무엇보다 중요하다네."

올더스 헉슬리,《멋진 신세계》

소설 속에서 런던의 인공 부화장을 책임지고 있는 소장의 말이다. 그는 인간들의 행복을 강제한다. 그는 사람들이 외부에서 주어진 숙명을 좋아하도록 조작해야 그들이 행복할 수 있다고 한다. 끔찍한 미래의 모습이다. 또한 소설 속에서 고민과 불안 같은 인간의 감정은 '소마'라는 알약으로 처리한다. 주어진 역할 수행에 불필요한 것은 완전히 제거한다.

행복은 단순히 감정이나 기분의 문제가 아니다. '의미'의 문제다. 인간은 스스로 가치 있다고 생각하는 일을 할 때 행복을 느낀다. 소크라테스에게도 행복은 자신을 알고 자기에게 가장 좋은 것을 탐구하는 것이었다.

명확한 자기 이해를 바탕으로 가장 잘하는 일을 해야 행복을 느낀다고 믿었다. 그리고 그 일은 가치 있는 것이어야 한다. 인간에게 가치를 강요하고 감정을 거세하는 세상은 멋진 신세계가 아닌 지옥이 아닐까?

타인의 기대와 평가에 상관없이 내가 원하는 삶을 살아갈 때
비로소 진정한 행복이 찾아온다.

사람들은 소크라테스가 상당히 심각하고 무거운 인물이라고 생각할 수도 있겠다. 항상 뭔가를 숙고하면서 '무엇이 살 만한 삶이고, 가치 있는가'를 캐묻는 인물의 이미지를 그릴 수도 있을 것이다. 하지만 소크라테스는 그렇게 심각하고 무거운 사람은 아니었다. 그는 다른 사람들보다 조금 덜 심각하고 조금 가벼운 행복도 몸소 실천했다.

> **소크라테스:** 헤라 여신에게 맹세코 이곳은 정말 아름다운 곳이네. 이 플라타너스는 둘레가 넓고 키가 크구먼. 그늘을 드리워 주는 떨기나무는 더할 나위 없이 아름다운데다가 한창 꽃을 피워 진한 향기로 주위를 가득 채워 주는군. (…) 이곳의 신선한 공기는 얼마나 반갑고 상쾌한가! 그리고 여름 매미들의 쩌렁쩌렁 울리는 저 합창 소리!
>
> **파이드로스:** 선생님은 놀라운 분이에요. 이곳이 처음인 것처럼 말씀하시네요. 마치 이곳 사람이 아닌 것처럼 말이에요.
>
> 플라톤, 《파이드로스》

아테네 교외에서 소크라테스가 파이드로스를 우연히 만났다. 그는 파이드로스와 대화를 나누기 위해 일리소스 강가로 갔다. 소크라테스는 그곳에서 든든한 나무에, 향기로운 꽃향기에, 신선한 공기에, 매미들의 울음소리에 '감탄'했다.

소크라테스는 평생 아테네를 몇 번 벗어난 적이 없는 완전 아테네 토박이였다. 처음 보는 풍경이 아닌데도 소크라테스는 눈앞의 장면을 마치 처음 보는 것처럼 낯선 시선으로 바라보고 즐겼다. 이렇게 낯설게 보면 감탄할 수 있고, 감탄할 수 있으면 행복을 느낄 수 있다.

파이드로스는 소크라테스의 그런 모습을 보면서 '놀라운 분'이라고 말했다. 잘 아는 곳이고, 특별히 대단한 것도 없어 보이는 경치에 감탄하는, 아이같이 천진난만한 소크라테스의 모습을 보면서 감탄한 것이다. 소크라테스의 감탄하는 능력, 행복을 찾는 능력 덕분에 소크라테스 자신뿐만 아니라 옆에 있는 파이드로스도 행복감을 느꼈을 것이다.

행복의 반대말은 무엇일까? 사전적으로는 '불행'이다. 하지만 소크라테스를 보고 있자면 행복의 반대말은 '지루함', '따분함'일지도 모른다.

많은 사람이 경제적인 자유를 얻게 되면 하고 싶은 것 중 하나로 여행을 꼽는다. 여행은 많은 사람의 버킷리스트에도 들어가 있다. 사람들은 왜 여행을 하고 싶어 할까? 매일 반복되는 일상, 매일 보는 풍경…. 현재 경험하고 있는 것이 지루하기 때문이다. 새로운 것을 보고 색다른 자극을 받고 싶은 것이 인간의 본성이다.

어떤 사람들은 왜 배우자, 혹은 애인이 있는데도 바람을 피울까? 지루하기 때문이다. 매일 보는 얼굴, 비슷한 패턴의 대화, 지겹다. 서로의 입에서 '지겹다'는 말이 자주 나온다면 관계의 재정립을 위해 노력해야 한다.

새로움을 위해 매번 주변 사람과 장소를 바꿀 수 있을까? 어렵다. 아니, 불가능하다. 그리고 바꾼다고 하더라도 그 만족감은 오래 가지 않는다. 한 번 여행한 곳도 여러 번 가면 결국 지겹게 느껴진다. 새로운 사람을 만나면 처음엔 설레고 좋지만, 시간이 흐르면 설렘은 점점 사라진다.

하지만 우리가 매일 눈앞의 환경이나 주변 사람들을 새롭게 바라볼 수 있다면 어떨까? 처음 보는 것처럼 감탄하고 감사한다면? 그것이 행복이다. 모든 것을 처음처럼 바라볼 수 있다면, 항상 감탄할 수 있다면 행복할 수 있다. 소크라테스처럼.

마흔의 당신, 행복해지고 싶은가? 소크라테스처럼 행복을 추구해 보자.

① 먼저 자기를 알아라. 자신에 대한 무지를 벗어나라.
② 자기가 잘하는 것, 가치 있다고 여기는 일을 찾아 매진하라.

그 일에서 성공하라.

③ 주변 환경이나 사람들을 마치 처음 보는 것과 같이 바라보고 감탄하는 능력을 키워 보자.

행복하고 싶다면
스스로에게 익숙해지지 마라.

2장

무엇을
묻고
어떻게
답할 것인가

인생 철학자의 대화

07

지혜로운 사람은
질문하며 지혜를 얻는다

| 검증 |

"자신을 조금이라도 염려하는 사람이라면
마음에 떠오르는 생각들을 검증해야지,
무관심하게 그냥 지나치면 안 되는 법이네."

플라톤, 《카르미데스》

'유비무환(有備無患)'이라는 말이 있다. '미리 준비하면 걱정이 없다'는 뜻으로 편안할 때 미래를 준비하는 자세를 강조하는 말이다. 나는 이 말을 워낙 자주 들어서 미래에 닥쳐올지도 모를 위험은 미리 준비하는 것이 당연하다고 생각했다. 그런데 고전 수업을 하다가 한 아이의 질문에 말문이 막힌 경험이 있다.

"왜 일어나지도 않은 일을 준비해야 해요? 미리 걱정을 사서 하면 안 좋은 것 아닌가요?"

"미래에 무슨 일이 일어날지 모르니 준비해서 더 큰 걱정을 하는 일이 없도록 하는 것이 좋다는 말이야."

"걱정하든, 하지 않든 문제는 생기는 것 아닌가요? 정말로 문제가 생기면 그때 해결하면 되잖아요. 일어나지도 않은 일을 준비하면서 오히려 걱정이 늘 것 같아요."

화재나 지진 같은 비상사태처럼 안전과 관련된 일은 꼭 대비해야 한다. 그런 일은 발생하고 나서 대비책을 마련하기에는 이미 늦기 때문이다. 하지만 일상생활에서 발생하는 대부분의 문제는 해결책을 마련할 시간이 충분히 있다.

아이의 말대로 일어나지 않은 일을 준비하다가 오히려 근심만 늘 수 있다. 발생할 확률이 극히 낮은 일에 미리 대비책을 세우고 시나리오를 마련하다 보면 정신이 피로해질 수도 있는 것이다. 유비무환이 아니라 '유비유환(有備有患)'이다.

미처 생각해 보지 않았던 관점으로 묻는 말에 딱히 대답할 말을 찾지 못했다. 별다른 의심 없이 받아들였던 말, 진리라고 생각했던 말을 조금 다른 관점에서 보니 금과옥조로 여기지 않아도 될 것 같았다.

"모든 질문은 세상을 제대로 이해하려고 하는 외침이다."

칼 세이건의 말이다. 우리는 머리에 떠오르는 것들, 외부에서 주어지는 생각들을 자기 스스로 검증 과정 없이 그냥 받아들이고 있지는 않는가?

아이들은 질문하고 검증하는 능력을 타고난다. 외부에서 주어지는 것을 그대로 받아들이지 않는다. 스스로 납득해야 받아들인다. 끊임없이 '왜'라는 질문을 던진다. 그러다 주변 사람들에게 쓸데없는 질문을 한다고 혼나기 시작하면서부터 입을 닫는다.

어른들은 처음에는 아이들의 질문에 친절하게 대답해 주다가 언젠가부터 지치기 시작한다. 너무 '당연한 것'에 의문을 품는 것이 성가시게 느껴지기 때문이다. '왜 어른을 보면 인사를 해야 하나', '왜 공부를 해야 하나', '왜 결혼해야 하나', '우주는 왜 생겨났을까'. 아이들의 질문은 끝이 없다.

아이들의 천진난만한 질문이 성가신가? 그 이유는 그 질문이 잘못돼서가 아니다. 우리가 그 질문에 적절하게 대답할 수 있는 능력이 없기 때문이다. 아이들의 세상을 향한 외침을 권위로 누르려고 해서는 안 된다.

우리도 세상을 그대로 수용하기만 해서는 안 된다. 질문을 던

저야 한다. 한 사람의 가치는 그가 하는 말이 아니라 그가 던지는 질문을 통해 알 수 있다. 좋은 질문은 질문을 받은 사람으로 하여금 '생각'을 하게 한다.

또한 문제를 바라보는 색안경을 벗겨 버리거나 새로운 안경을 씌워 준다. 완전히 새로운 시각으로 문제를 바라보게 해 준다. 정말로 좋은 질문을 받으면 질문을 받은 사람은 그럴싸한 대답을 해 갈 수도 있지만, 대개는 침묵하게 된다.

상대의 말문을 막아 버리는 질문의 대가는 소크라테스였다. 그는 당연하게 여기는 것에 질문을 던지고 검증하는 태도를 중요하게 여겼다. 특히 삶에서 가장 중요한 것들인 미덕, 즉 용기, 절제, 정의, 지혜, 아름다움 등의 검증에 온 힘을 다했다.

만족한 돼지가
될 것인가?

"만족한 돼지보다 불만족한 인간이 되는 것, 만족한 바보보다 불만족한 소크라테스가 되는 것이 낫다."

영국의 정치 철학자로, 정치 철학 분야의 고전 《자유론》의 저자 존 스튜어트 밀의 말이다. 그의 아버지는 당대에 유명한 지식인 제임스 밀이었다. 제임스 밀은 공리주의를 제창한 제러미 벤

담의 제자이자 친구였다. 제임스 밀은 아들이 어릴 때부터 고전을 접하게 했다. 존 스튜어트 밀은 3세부터 배운 그리스어로 7세에는 플라톤의 대화편을 읽을 수 있었다고 전해진다. 일종의 조기 교육을 통해 고전을 읽고 천재로 자라난 것이다.

그가 어릴 때부터 읽은 플라톤 대화편의 주인공은 누구일까? 맞다. 소크라테스다. 그는 소크라테스에 대해 어떤 생각을 가졌을까? 존 스튜어트 밀에게 소크라테스는 돼지와 구분되는 양식 있는 인간이었고 불만족한 존재였다.

돼지는 왜 만족하고 인간은 왜 만족하지 못하는가? 돼지는 자신과 세상에 대해 아무런 의문을 제기하지 않는다. 왜 이렇게 살아야 하는지, 어떻게 해야 더 탁월하게, 돼지답게 살 수 있는지 질문을 던지거나 고민하지 않는다.

하지만 살 만한 삶을 살아가는 인간은, 무지의 지를 깨달은 인간은, 소크리테스와 같은 인간은, 모든 문제를 그냥 넘기지 않는다. 더 탁월하게 더 살 만한 삶을 더 인간답게 살기 위해 질문하고 검증한다.

인간의 역사는 끊임없는 질문과 검증의 과정이다. 한 사람에게 권력이 집중되고 문제가 생기면 꼭 그렇게 해야만 하는지 고민하고 그 한 사람을 단두대에 보냈다.

지구가 네모반듯하게 생겼다는 말, 태양이 지구를 돈다는 말에 정말 그런 건지 의심하고 진실을 밝혀냈다. 신이 있는지, 어떤 존재인지 고민하면서 종교를 만들고 그 종교가 여러 생각의 갈래에 따라 갈라지기도 했다. 자본가와 프롤레타리아의 불평등에 의문을 제기하고, 모두가 공평하게 살아가는 세상을 만들자고 수십 년간 역사 실험을 하기도 했다.

따라서 인간의 역사는 검증의 역사다. 이게 맞는지, 정말인지, 다르게 볼 수는 없는지 끊임없이 질문을 던졌다. 물론 중세 시대가 1,000년 가까이 이어진 바와 같이 특정한 생각이 꽤 오랫동안 세상을 지배하기도 했다.

하지만 역사의 흐름에서 어느 순간에는 꼭 전기가오리 공격을 하는 사람이 나왔다. '내가 아는 것이 진짜인가?', '이렇게 사는 게 맞는 것인가?' 질문하는 불만족한 인간들이 나타난다. 소크라테스처럼 질문하는 전기가오리들의 출현으로 역사는 지금까지도 계속해서 발전하는 것이 아닐까?

절제는
차분함인가?

소크라테스처럼 질문하는 전기가오리 중 한 명이 헤르만 헤세였다. 헤세는 종교, 철학, 자아 등에 대한 사색을 바탕으로 많은 이에게 깨달음을 주는 소설을 썼고, 《유리알 유희》로 1946년 노벨

문학상을 수상했다. 그의 대표작 《데미안》에는 카인에 대한 전통적인 해석에 의문을 제기하는 내용이 나온다.

《성경》 창세기에는 '카인과 아벨' 이야기가 있다. 최초의 인간 아담과 이브는 카인과 아벨이라는 아들을 낳는다. 큰아들의 이름은 카인, 농부다. 작은 아들은 아벨, 양치기다. 두 사람은 신에게 제물을 바친다.

신은 카인이 바친 것은 그대로 두고 아벨의 제물만을 취한다. 신이 동생 것만 취하자 카인은 화가 났다. 질투심도 생겼을 것이다. 감정의 폭풍 속에서 카인은 아벨을 살해한다. 죄를 지은 카인은 두려워하며 지낸다. 신은 그의 이마에 낙인을 찍어 해를 당하지 않게 한다.

이 이야기는 보통 인간의 질투심, 폭력성 등 어두운 본성을 드러내는 이야기로 알려져 있다. 이마에 낙인찍힌 카인은 죄를 피하라는 신의 당부를 어긴 자다. 단순하게 도식화하면 카인은 신에게 선택받지 못한 살인자, 나쁜 사람이고 아벨은 신에게 선택받은 자, 좋은 사람이다.

그런데 헤르만 헤세는 데미안의 입을 빌려 이런 전통적인 해석에 의문을 제기했다. 헤세는 오히려 '카인은 아주 개성 있고 강한 존재가 아니었을까?', '약해 빠진 자들에게 두려움의 대상이지 않았을까?', '이마에 있는 표적은 살인자를 표시해 주는 낙인이 아니라, 탁월한 존재의 표식이 아니었을까?'라고 생각했다.

헤세는 소설 속에서 남의 말에 미혹되지 않고 스스로 생각할 수 있는 자립적인 인간이야말로 카인의 후손이 될 수 있다고 말한다. 그리고 당연히 자신을 그런 존재로 여겼을 것이다. 헤세는 카인의 이야기를 스스로 검증한 결과, 오히려 카인은 탁월한 존재이며 자신도 그런 카인과 같은 삶의 길을 간다고 여긴 것이 아닐까?

탁월한 인간의 시조 소크라테스는 중요한 미덕에 대해 끊임없이 검증했다. 2,500년 전 아테네로 돌아가 소크라테스가 절제에 대해 검증하는 장면을 일부 살펴보자. 소크라테스가 카르미데스라는 아름다운 청년이 절제에 대해 알고 있는지 검증하는 대화의 일부를 이해하기 쉽게 핵심 위주로 정리했다.

카르미데스: 절제는 모든 일을 차분하게 행하는 것이라고 생각합니다.

소크라테스: 절제는 훌륭하고 아름다운 미덕이 아닌가?

카르미데스: 그렇습니다.

소크라테스: 학교에서 글을 빨리 읽고 쓰는 것이 훌륭한가? 차분하게 읽고 쓰는 것이 훌륭한가?

카르미데스: 빨리 읽고 쓰는 것입니다.

소크라테스: 레슬링이나 권투, 달리기, 높이뛰기 같은 것은 활

기차고 빨리하는 것이 더 아름답지 않을까? 배우고 가르치는 것에서도 활기차고 빠르게 하는 것이 더 아름답지 않겠나?

카르미데스: 물론이지요.

소크라테스: 혼의 탐구에서도 가장 쉽고 빠르게 목표에 도달하는 사람이 칭찬받을 만하지 않을까?

카르미데스: 그렇습니다.

소크라테스: 그렇다면 카르미데스, 혼이나 몸에 관련된 인간의 모든 활동에서 활력 있고 빠른 것이 느리고 차분한 것보다 더 아름다운 것 같다네.

카르미데스: 그런 것 같습니다.

소크라테스: 빠른 것이 차분한 것만큼 아름답다는 점이 증명되었으니 차분한 삶이 그렇지 않은 삶보다 절제 있다는 결론이 나오지 않겠군.

카르미데스: 선생님의 말씀이 옳은 것 같습니다.

'절제는 차분함이다'라는 말은 얼핏 보아 크게 틀리지 않은 것 같다. 하지만 소크라테스는 절제가 무엇인지 명확하게 밝히고 정확히 알아야 그것을 실천할 수 있을 테니 그냥 넘어가지 않는다.

먼저 절제라는 미덕은 훌륭하고 아름다운 것이라는 전제에 대해 동의를 얻어 낸다. 그런 후 차분하지 않고 오히려 활력 있고 빠른 경우에 더 아름다운(절제 있어 보이는) 경우를 나열한다. 그것을 바탕으로 꼭 차분하지 않더라도 훌륭하고 아름다울 수 있으니, 절제가 차분함이라는 말은 절제에 대한 앎으로 부족하다는 결론을 낸다.

"그렇다면 좀 더 집중해서 자신을 들여다보게."

플라톤, 《카르미데스》

자기의 주장이 옳지 않은 것으로 판명된 뒤 카르미데스는 의기소침했을 것이다. 그런 그에게 소크라테스가 한 말이다. 올바른 미덕을 검증하기 위해서는 자신을 들여다봐야 한다. 남들이 하는 말을 그대로 읊어 대지 말고, 그냥 대충 이런 것 같다고 어설프게 이야기하지 말고, 자신을 들여다보면서 정말로 스스로 생각하는 절제가 무엇인지 정의해 보라는 것이다.

소크라테스는 왜 위대한가? 서양 철학의 기초를 세운 플라톤이 존경한 스승이기 때문에? 철학적 순교자의 모습을 보여 줬기 때문일까? 그 대답 중 하나는 그가 인간이라는 존재가 어떻게 '생각'이라는 것을 해야 하는지 보여 줬기 때문이다. 그리고 인간이 자신과 자신을 둘러싼 세상에 대해 숙고하고 성찰하는 방법을 자기 삶으로 직접 보여 준 모범이었기 때문이다.

"검증하지 않는 삶은 살 가치가 없다."

플라톤, 《소크라테스의 변명》

그는 항상 자신에 대해, 세상에 대해 질문을 던져야 한다고 생각했다. 질문하지 않는다는 것은 죽음의 신호다. 질문하지 않는 인간, 검증하는 태도를 버린 인간은 만족하는 돼지의 삶으로 향해 가는 중이기 때문이다. 진정한 인간의 삶을 추구하는 당신이라면 질문하며 검증하자.

만족하는 돼지가 될 것인가?
만족하지 못하는 소크라테스가 될 것인가?

08

자신이 옳다고 믿는 것을
증명할 수 있어야 한다

| 권위 |

"우리가 고찰해야 하는 것은
그것을 누가 그렇게 말했는지가 아니라, 참인지 아닌지다."

플라톤, 《카르미데스》

"주번 튀어 오래."

고등학생 시절, 하루는 아침에 등교하자마자 같은 반 친구들이 선생님께서 주번을 찾으신다고 알려 줬다. 그 주에는 내가 주번을 맡아 교실 청소를 담당하고 있었다. 무슨 일인지 몰라 교무실로 뛰어갔다. 선생님께 가까이 다가갈수록 고래고래 고함을 지르는 모습에서 분위기가 심상치 않음을 느꼈다. 선생님 앞에 서자마자 귀싸대기를 제대로 맞았다. 사유는 청소 미흡.

반짝반짝 빛나게 쓸고 닦지는 못했지만, 그렇게 맞을 정도로 더럽지는 않다고 생각했는데 억울했다. 하지만 어쩌랴, 스승의 그림자도 밟아서는 안 된다고 배워 왔는데…. 몇몇 친구들이 내 옆에서 선생님의 지나친 처사를 비난했지만 속상한 건 풀리지 않았다.

따지고 싶었지만 그러면 안 될 것 같았고 딱히 방법도 없었다. 처벌의 수단이 과하긴 했지만, 선생님은 본인의 재량권 안에서 청소에 대해 지적한 것이었다. 그 시절에는 학교에서 선생님들이 학생들을 지도하기 위해 체벌하거나 손찌검하는 건 크게 문제가 되지 않는 분위기였다. 하지만 인정할 수 없는 상황, 부적절한 권위 앞에서 침묵할 수밖에 없는 기분은 씁쓸했다.

요즘 시대적인 흐름을 나타내는 말로, '핵개인 시대'라는 말이 있다. 언뜻 들으면 개인주의가 갈 데까지 간 극단적인 개인주의 시대로 받아들여질 수 있지만, 개념을 자세히 들여다보면 좀 더 성숙한 개인주의 시대를 나타내는 말이다.

'핵(核)'은 나무(木)와 돼지(亥)를 합친 글자다. 파자해서 하나하나 살펴보면 '나무의 중심이 되는 씨앗과 먹기 좋게 잘 손질한 돼지'로, '중심' 혹은 '핵심'이라는 의미다. 핵개인 시대는 '개인의 본질과 핵심에 충실한 시대'라고 할 수 있다.

개인의 본질은 무엇인가? 그것은 자유와 책임이다. 외부의 권위에 대책 없이 흔들리지 않으면서 자기의 책임은 다하는 것이다. 핵개인 시대는 자기의 본질에 눈뜨고, 자기 삶과 사회에 책임을 다하는 개인이 늘어 가는 시대인 것이다. 인정할 수 없는 권위에는 적극적으로 저항하는 것이 진정한 개인주의일 것이다.

'적당히 알아서 기어야 하지 않겠어?'

'이 정도는 받아들이는 게 조직 생활 아닌가?'

'요즘은 나 때에 비하면 권위로 눌러 버리는 상황이 10분의 1도 안 돼.'

40대는 권위 앞에서 어느 정도 순응해 왔던 경험이 있다. 위와 같이 생각하는 소위 '꼰대' 같은 면이 있다. 하지만 권위에 대한 태도를 기존과 같이 고수하면 갈등이 발생할 수 있다.

주변에 회사에서 팀장이 된 후 MZ 세대와 생각의 차이로 힘들다고 말하는 지인들이 많다. 우리는 권위에 대해 어떤 자세를 가지면 좋을까? 소크라테스가 권위에 대해 취한 태도를 참고하면 도움이 될 것이다.

모두가 찬성일 때
홀로 반대표를 던지다

한 나라에 새 옷만 좋아하는 무능하고 멍청한 황제가 있었다. 어느 날 황제 앞에 세상에서 가장 좋은 옷을 만들 수 있다고 주장하는 재단사들이 나타났다.

그들은 세상에서 가장 비싸고 좋은 옷감으로 옷을 만들 수 있는데, 그 옷감은 멍청한 사람들에게는 보이지 않는다고 했다. 재단사들은 열심히 옷을 만드는 시늉을 했지만, 그 누구의 눈에도 옷감은 보이지 않았다.

사실 재단사들은 사기꾼이었고, 옷감은 애초에 존재하지도 않았다. 하지만 황제를 포함한 궁전 안의 신하들은 모두 멍청이로 낙인찍히기 싫어 옷감이 보인다고 거짓말했다.

이 정도에서 멈췄으면 될 텐데, 이 멍청한 황제는 새로 지은 옷을 입고 거리에서 행차를 하기로 했다. 수많은 백성이 왕의 새 옷을 보기 위해 거리에 모였다. 이미 옷감에 대해 소문이 퍼졌기 때문에 거리의 백성들도 누구 하나 옷감이 보이지 않는다고 말할 수 없었다.

하지만 손바닥으로 하늘을 가릴 수는 없는 법. 전기가오리는 어디에나 존재한다. 한 꼬마 아이가 임금을 보고 아무것도 입지 않았다고 소리쳤다. 그제야 사람들은 수군거렸다.

어릴 적 누구나 한 번쯤은 들어 본 이야기다. 덴마크의 동화 작가 안데르센의 《벌거벗은 임금님》은 집단의 권위가 얼마나 무서운지 생각해 보게 해 준다.

가장 무서운 권위는 다수에 의한 권위다. 집단의 힘은 세다. 명백하게 보이는 것을 외면하게 하고, 보이지 않는 것도 보이는 것처럼 행동하게 한다. 진실을 외면하고 다른 사람들의 눈치를 보게 하는 것이 집단의 힘이다.

"주변 사람들이 차가운 눈길을 보내고, 입을 일그러뜨리면 가장 강한 사람도 두려워한다. 대체 무엇을 두려워하는 것일까? 고립이다!"

프리드리히 니체, 《즐거운 학문》

'동조압력(同調圧力)'은 '특정한 집단에서 다수의 권위에 굴복하게 되는 개인의 심리적 압박'을 의미한다. 유사한 또래 집단에서 의사 결정을 할 때 소수 의견을 가진 사람들은 다수의 의견에 맞춰야 할 것 같은 부담감을 느낄 수 있는데, 이것을 동조압력이라고 한다.

집단의 힘이 센 이유는 인간의 본성에서 기인한다. 무리에서 벗어나 고립될지도 모른다는 공포는 인간이 가진 근원적인 두려움이다. 160만 년 전에서 1만 년 전 사이 인류는 비교적 큰 변화 없이 비슷한 생활 방식을 유지하는 시기를 보냈다. 힘을 합쳐 사냥하고 그것을 나누는 단순한 생활 방식이 오랫동안 계속됐다. 무리 지어 수렵과 채집 활동을 하던 그 시기, 집단에서 버림받으면 생존 자체가 힘들었다.

소크라테스는 집단의 권위에 어떻게 대처했을까? 아테네가 직접 민주주의를 실행했다고 해서 자유롭고 정의로우며 아름다운 사회였다고 착각하기 쉽다. 물론 그런 면도 있었지만, 아테네의 민주주의 분위기는 그리 아름답지 않았다.

펠로폰네소스 전쟁을 겪으면서 시민들은 서로를 저주하고 자기 이익을 위해 정치적인 쇼를 해서 여론을 몰아가기도 했다. 노예와 여성은 남성 시민과 같은 권한이 없었고, 신체를 자르는 것과 같은 잔인한 형벌도 여전히 존재했다.

고대 그리스의 아테네는 무엇보다 공동체가 중요한 곳이었다. 시민들은 아테네라는 공동체를 통해 자기의 정체성을 정의하고 이상을 실현하려 했다. 소크라테스가 세상을 떠나고 반세기가 지난 후 알렉산드로스 대왕이 그리스, 페르시아, 인도를 아우르는 대제국을 건설한 뒤에 사람들은 도시 국가에서 정신적으로 해방됐다.

그제야 그들은 개인의 내면적인 행복에 관심을 기울이게 됐다. 소크라테스가 살던 시기에는 집단의 권위가 상상하기 힘들 정도로 강했다. 소크라테스도 집단의 권위에 밀려 공개 재판을 통해 사형을 선고받지 않았던가!

BC 406년 펠로폰네소스 전쟁 막바지에 아테네와 스파르타 사이에 아르기누사이 해전이 일어났다. 아테네는 알키비아데스가 추진한 시칠리아 원정의 실패 이후 힘을 잃고 거의 망하기 직전이었다가 이 전투에서 승리하여 기사회생했다.

스파르타의 해군 120척과 아테네의 155척이 맞붙었다. 이때 아테네 해군에는 총사령관 없이 여덟 명의 장군이 제각기 지휘했다. 위낙 국력이 쇠약해진 상태라 전투의 결과는 비관적이었고, 누구도 전투의 결과를 책임지려고 하지 않았다. 총사령관을 할 만한 인물도 없었다. 하지만 이 전투에서 아테네는 승리했다. 25척의 함대를 잃었지만, 스파르타의 함대 77척을 궤멸한 것이다.

그런데 그 뒤처리가 문제였다. 아테네인들은 전투에서 동료를 구하는 것, 죽은 동료의 시신을 잘 수습해 주는 것을 중요하게 여겼다. 당시 전투가 끝난 후 1,000여 명의 아테네 군사들이 부서진 전함의 잔해에 의지해 바다 위를 둥둥 표류하고 있었다. 전투가 끝난 즉시 그들을 구조해야 했지만, 여덟 명의 아테네 장군은 때마침 휘몰아쳐 온 폭풍우와 전술적인 이유로 동료들을 즉시 구조하지 않았다.

그들은 대신에 함선의 선장이었던 두 인물에게 구조 임무를 맡기고 다음 전투를 대비했다. 하지만 장군도 아닌 선장들의 지시에 군사들이 적극적으로 따를 리가 없었고, 전투 후 표류하던 아테네

군사들은 제때 적절한 구조를 받지 못해 사망했다.

여덟 명의 장군 중 두 명은 망명해 버렸다. 아테네로 돌아온 여섯 명의 장군은 민회에서 재판받았는데, 개별적인 변론의 기회 없이 표결을 통해 여섯 명에 대해 바로 유죄가 결정됐다.

당시 아테네에서는 재판받을 때 개별적으로 변론 기회를 줘야 했지만, 분노한 민중은 스스로 국가의 법을 어기는 정신 나간 선택을 했다. 이 장군들의 재판은 절차상의 하자가 있었기 때문에 불법이었으나, 당시 분위기상 이러한 이유로 장군들의 재판에 문제를 제기하기는 쉽지 않았다. 극단적인 동조압력이 작용하던 상황이었다.

이 사건이 일어났을 때 소크라테스는 평의회 의원으로 활동하고 있었다. 아테네의 평의회는 10개 부족 출신이 1년의 10분 1에 해당하는 기간 운영을 맡았는데, 장군들의 재판이 있었을 때 소크라테스가 속한 안티오키스 부족이 평의회를 운영하고 있었다.

소크라테스는 장군들에 대한 불법적인 심리에 반대표를 던졌다. 당시 집단의 권위는 장군들에 대한 일괄 심리 및 유죄로 향하고 있었다. 해전을 승리로 이끈 뒤 바다 위에서 표류하다 폭풍우 속에서 죽어 간 1,000여 명 아테네 병사의 가족들이 울부짖으며 여론을 주도하고 있었다.

옳은 것은 옳다고
말하는 강한 신념

1961년 예일대 심리학과 스탠리 밀그램 교수는 실험을 위해 사람들을 모집했다. '징벌에 의한 학습 효과를 측정'하는 실험이라고 포장했지만, 실상은 사람들이 상황에 따라 권위에 복종하고, 잔혹한 행위를 저지를 수 있다는 사실을 보여 주는 실험이었다.

그는 실험 참가자들을 선생님 그룹과 학생 그룹으로 나눴는데, 사실 학생 그룹에 속한 사람들은 연기자였다. 그들은 전기 충격이 오면 아픈 척을 했다. 실험 대상은 선생님 그룹의 사람들이었던 셈이다.

밀그램은 선생이 학생에게 문제를 내고 틀리면 15볼트에서 450볼트까지 15볼트씩 전압을 올리면서 전기 충격을 가하도록 강요했다. '책임은 내가 진다. 실험을 위해 계속해야만 한다. 다른 선택지는 없다'고 반복했다.

놀랍게도 피실험자 중 65퍼센트가 450볼트까지 전압을 올렸다. 전기 충격 장치가 가짜여서 망정이지 사람이 죽을 수도 있는 상황인데도 절반 이상이 저항 없이 권위에 복종한 것이다.

권위에 그대로 복종하는 것은 쉬운 선택이다. 책임은 권위를 가진 자가 지는 것이다. 나는 '어쩔 수 없이' 따를 뿐. 하지만 '이게 아니다'라고 말하며 저항하기는 어려운 결정이다. 소크라테스는

누군가가 말했다는 사실은 중요하지 않다.
스스로 자신의 의견에 대해 충분히 검증하고,
책임질 수 있다는 사실이 중요하다.

집단의 권위에 저항했다. 스스로 검증한 뒤에 옳다고 여기는 것에 대해서는 양보가 없었다. 복종과 저항. 둘 사이에는 어떤 차이가 있을까? 권위에 저항하는 힘은 어디에서 나오는 것일까?

소크라테스에게는 세 가지 특징이 있었다.

첫째, 누군가의 의견에 영향받지 않고 스스로 검증한다.

소크라테스는 제자들이 남에게 들은 말을 앵무새처럼 그대로 옮기는 것을 경계했다. 모든 의견은 자기가 스스로 검증한 결과여야 하지, 누군가의 권위에 기대서는 안 된다. 누가 뭐라고 말했건 그것은 중요한 것이 아니다. 자기 스스로 검증하고 판단하는 태도가 필요하다. 그렇게 하지 않으면 집단이나 전문가 등 외부의 권위에 흔들리고 굴복하게 된다.

> "나는 '만약 당신이 원한다면, 당신이 그렇게 생각한다면'과 같은 따위는 검토하고 싶지 않습니다."
>
> 플라톤, 《프로타고라스》

플라톤의 대화편 《프로타고라스》에 따르면, 소크라테스는 젊은 시절에 당시 유명한 소피스트였던 프로타고라스를 만나 대화를 나눈 것으로 보인다. 혈기 왕성한 소크라테스의 공격에 프로타고라스는 예의 있게 대응하면서 소크라테스가 원한다면, 그렇게 생각한다면 그렇다고 치고 대화를 전개하려고 했다.

이에 소크라테스는 그런 것은 중요하지 않다고 말했다. '내가 뭘 원하건, 어떻게 생각하건 상관하지 말고 당신의 생각을 말하라'고 요구한 것이다. 중요한 것은 제대로 검증하는 것이지 누가 어떻게 생각하는 것이 아니다.

둘째, 원칙을 지킨다.

'태강즉절(太剛則折)'이라는 말이 있다. '지나치게 강하고 뻣뻣하면 꺾인다'는 의미다. 융통성 혹은 유연함 없이 다양한 관점을 고려하지 않으면 답답한 사람이 될 수 있다. 시대나 환경의 변화를 읽고 적절히 대응하기 위해서 융통성이 필요하다.

하지만 융통성을 가져야 한다는 말이 원칙을 깨라는 뜻은 아니다. 절대적으로 지켜야 할 원칙이 있다. 아무리 대중들이 분노하는 상황이라고 하더라도 아테네 시민이라면 누구라도 재판을 제대로 받을 권리가 있다는 것이 소크라테스의 생각이었다. 지켜야 할 원칙은 지켜야 한다.

셋째, 상황의 유리함과 불리함을 계산하지 않는다.

옳은 것은 옳다고 말해야 한다. 어떤 판단을 할 때 그 판단의 결과에 따른 상황의 유리함과 불리함을 계산한다면 올바른 판단을 할 수 없다. 판단의 기준이 옳고 그름이 아니라 내가 유리할지 불리할지가 된다면 항상 외부의 압력에 흔들릴 수밖에 없다.

권위의 압력에 매번 소크라테스처럼 대응하기는 쉽지는 않다. 하지만 당신에게 '권위에 무너지는 마지노선을 지금보다 조금 더 높게 잡으라'고 권하고 싶다. 누가 어떤 말을 했든, 얼마나 많은 사람이 지지하든, 내가 스스로 검증했을 때 헛소리라면 결국은 헛소리다.

옳고 그름을 판단하는 기준이 명확하면
어떤 힘에도 흔들리지 않을 수 있다.

09

모든 것을 의심하고
다시 생각하라

| 궤변 |

"소피스트가 팔려는 물건들을 선전하는데 속지 않도록 조심해야 한다네.
그들은 자기들이 파는 물건들이 몸에 좋은지 나쁜지
알지도 못하면서 무엇이든 좋다고 하기 때문이지."

플라톤, 《프로타고라스》

로마의 문헌학자로 알려진 아울루스 겔리우스는 자신의 저서 《아티카 야화》에서 '법원의 역설' 혹은 '프로타고라스의 역설'로 알려진 이야기를 전했다. 기원전 5세기에 활약했던 소피스트인 프로타고라스와 그의 수업을 들었던 에우아틀로스 간 소송 이야기다.

프로타고라스는 유명한 소피스트였다. 그는 고액의 과외비를 받고 변론하는 기술을 가르치는 데 전문가였다. 그와의 논쟁에서 이기기는 쉽지 않았다. 에우아틀로스라는 젊은이가 변론가가 되고 싶었다. 이 젊은이는 프로타고라스에게 변론술을 배우고 싶었지만, 고액의 수업료를 낼 돈이 없었다. 그래서 그는 프로타고라스와 특별한 조건의 계약을 체결했다. 그 내용은 에우아틀로스가 첫 사건에서 승소할 때까지 프로타고라스에게 수업료를 지급하지 않는다는 것이었다.

에우아틀로스는 수업을 모두 들은 뒤에 변론을 차일피일 미뤘다. 변론하지 않으니 승소할 수 없었고, 프로타고라스는 수업료를 받을 수 없었다. 프로타고라스는 수업료를 받기 위해 소송을 제기했다. 에우아틀로스는 자기 사건에 대한 변론을 스스로 하게 되었는데, 결국 이 소송이 그의 첫 사건이 됐다.

소송을 제기한 프로타고라스의 주장은 이랬다.

① 에우아틀로스가 패소한다면, 수업료를 지급하라는 법원의 판결에 따라 에우아틀로스는 나에게 수업료를 지급해야 함.
② 에우아틀로스가 승소한다면, 수업 전 상호 간의 계약에 따라 첫 사건에서 승소하였으니, 나에게 수업료를 지급해야 함.

당대 최고의 소피스트인 스승의 주장은 강력했다. 에우아틀로스는 어떤 결과가 나오든 수업료를 지급해야 할 것처럼 보였다. 하지만 그가 누구인가, 최고의 소피스트에게 과외 수업을 제대로 받지 않았는가. 에우아틀로스는 이렇게 주장했다.

① 내가 승소한다면, 수업료를 지급할 필요가 없다는 법원의 판결에 따라 프로타고라스에게 수업료를 지급하지 않음.
② 내가 패소한다면, 첫 사건에서 승소하지 않았으므로 수업 전 상호 간의 계약에 따라 수업료를 지급하지 않음.

골치 아픈 사례다. 만약 당신이 판사 혹은 배심원이라면 어떻게 판결하겠는가? 여러 방식의 해법이 있을 수 있는데 몇 가지 살펴보자.

첫 번째, 시간 순서에 따라 결정하는 방법이다.
어쨌든 소송 시점에 에우아틀로스는 승소한 적이 없다. 그러니 상호 간의 계약에 따라 프로타고라스는 수업료를 받지 못한다. 하지만 이 판결에 따라 에우아틀로스는 승소할 것이다. 그에 따라 프로타고라스는 이후에 다시 한번 소송을 제기하면 수업료를 받을 수 있다. 소송에서 이긴 기록이 있기 때문이다.

두 번째, 무엇을 더 중요한 근거로 볼 것인지에 따라서 판단하는 방법이다.

두 사람 사이의 계약이 우선인가, 일반적인 상식, 관습법이 우선인가 판단하는 것이다. 두 사람 사이의 계약을 중요하게 생각한다면, 에우아틀로스는 프로타고라스에게 수업료를 지급할 필요 없다. 하지만 그들 사이의 계약 자체를 무효로 판단한다면, 에우아틀로스는 프로타고라스에게 수업료를 지급해야 할 것이다.

소크라테스의 가게가
불에 탄 까닭

고대 그리스 아테네에서 애국적인 보수주의자로, 시민들에게 사랑받은 유명한 희극 작가 아리스토파네스는 그의 희곡 《구름》에서 소크라테스를 소피스트처럼 묘사하며 비판했다.

그는 펠레폰네소스 전쟁 시기에 많은 작품을 썼다. 그는 보수적인 시각으로 소크라테스든, 소피스트든, 신화적 세계관이 아닌 지성을 앞세우는 무리를 싸잡아 비판했다. 《구름》에서 소크라테스를 비판하는 내용을 정리하면 대략 이렇다.

시골 농부인 스트레프시아데스에게는 경마 내기에 정신이 팔려 돈을 낭비하는 아들이 있었다. 망나니 아들의 이름은 페이디피데스. 농부는 아들 때문에 감당하기 힘든 빚을 지고 채권자들 때문에 하루하루 마음고생이 심했다.

하루는 그가 궤변의 대가인 소크라테스를 떠올렸다. 그에게 변론술을 배운다면 소송에서 이겨 빚을 갚지 않아도 될 터였다. 그는 아들을 소크라테스의 제자가 되게 했다.

페이디피데스는 소크라테스에게서 정당하고 우월한 정론을 이기는, 그릇되고 열등한 사론을 제대로 배웠다. 페이디피데스는 궤변으로 빚쟁이들을 모두 쫓아 버렸다. 망나니가 자랑스러운 아들로 변신했다.

스트레프시아데스는 아들을 좋은 식당에 데려가 음식을 사 줬다. 그런데 술을 마시다가 이 망나니 아들이 아버지를 때리기 시작했다. 어이가 없어진 스트레프시아데스는 아들을 혼냈지만, 돌아온 것은 아들의 궤변이었다.

"아버지도 내가 어렸을 때 때리지 않았나요?"
"그랬지만, 그건 너를 염려해서 한 것이야. 널 위해서였지."
"나도 아버지를 위해 때리는 겁니다."

화가 난 스트레프시아데스는 소크라테스의 생각하는 가게를 불 질러 버렸다.

두 사례에서 당시 소피스트에 대한 그리스인들의 시각을 알 수 있다. 그리스어로 'sophistes(소피스테스)'는 소피스트를 뜻하는 말이다. 이 말은 시인이나 교육자를 가리키는 말로, 그리 부정적인 의미는 아니다. 소피스트라고 하면 부정적인 이미지가 강한데, 그것은 플라톤과 아리스토텔레스가 비판한 영향이 크다.

소피스트들은 실제로 각 도시 국가에서 영향력 있는 지식인이었다. 프로타고라스는 페리클레스에게 초청받아 아테네에 방문하기도 했다. 이렇게 유명한 소피스트들은 마치 일본인들이 조선통신사에게 몰려들었듯이 많은 아테네인의 방문을 받기도 했다. 소크라테스도 프로타고라스를 만나 대화를 나눴으니 말이다.

그렇다고 소피스트에 대한 우리의 일반적인 이미지가 완전히 잘못된 것은 아니다. 저명한 소피스트였던 프로타고라스는 자신은 그렇지 않지만, 다른 소피스트들은 젊은이들에게 좋지 않은 영향을 준다고 말하기도 했다.

그들은 시간당 얼마의 돈을 받으면서 시민들에게 변론술을 가르쳤는데, 소크라테스와 그 제자들은 이런 모습을 좋게 보지 않았다. 소크라테스는 자신이 소피스트처럼 돈을 받고 가르침을 주지 않기 때문에 자유롭다고 말하기도 했다.

앞에서 이야기한 것처럼 아테네는 소송의 도시였다. 시민들은 크고 작은 소송에 휘말릴 수도 있었고, 배심원이 되어 재판에 참석해야 할 수도 있었다. 그래서 변론술이 필요했다. 특히 귀족들, 전도유망한 젊은이들에게 변론술은 필수 과목이었다.

시민들에게 변론술을 가르친 소피스트들이 아테네에 바글바글하게 된 것은 펠로폰네소스 전쟁 시기였다. 펠로폰네소스 전쟁은 그다지 명분이 없는 집안싸움이었다. 국가의 이익을 위해 스파르타를 중심으로 한 펠로폰네소스 동맹과 벌이는 명예롭지 못한 전쟁이었다.

이 시기에 절대적인 명분이나 정의는 희석됐고, 상대와의 논쟁에서 이기는 기술이 필요했다. 지식 행상인 소피스트들이 필요했던 것이다.

플라톤의 대화편 《소피스트》에는 소피스트에 대한 정의가 나오는데, 그중 중요한 몇 가지를 요약해 보면 아래와 같다.

① 부유한 젊은이들을 사냥하는, 보수를 받는 사냥꾼.
② 영혼의 배움과 관련한 일종의 장사꾼.
③ 배움에 관한 것을 몸소 만들어 파는 족속.
④ 말로 하는 경쟁 기술의 선수.
⑤ 실제로는 알지 못하면서도 현명한 자를 모사하는 자.

소피스트들은 돈을 밝힌다는 점에서 비판의 대상이었지만, 수업료에 합당한 가치를 제공하지 못한다는 점, 오히려 해로운 것을 가르친다는 점에서 더 큰 비판의 대상이 됐다.

궤변에 속아
넘어가는 사람들

"자네는 몸보다 더 소중한 혼을 누군가(프로타고라스)에게 맡기려 하면서 누구와도 상의하지 않았네. 자넨 프로타고라스의 제자가 되겠다고 이미 마음을 정하고 자네의 모든 돈과 가족의 돈까지 쓸 생각을 하고 있지 않은가."

플라톤,《프로타고라스》

어느 날 새벽, 히포크라테스라는 젊은이가 소크라테스의 집 대문을 두드렸다. 상당히 흥분한 상태였다. 그 유명한 프로타고라스가 아테네에 와 있으니 젊은이는 빨리 만나서 가르침을 받으려 했다. 가족의 돈까지 바리바리 싸 들고 말이다. 일타 강사에게 고액 과외를 받고 명문대에 합격하려는 삼수생과 같은 모습이었다. 성공하려는 야망이 가득한 젊은이에게는 간절한 상황이었다.

소크라테스는 히포크라테스를 진정시키고, 소피스트의 가르침에 대해 검증이 필요하다고 말했다. 그리고 곧장 프로타고라스를 찾아가 '덕을 가르칠 수 있는지'에 대해 대화한다. 자세한 내용은 플라톤의 대화편《프로타고라스》를 참고해 보자.

앞에서 예를 든 프로타고라스와 에우아틀로스의 주장, 아버지를 때린 페이디피데스의 논리는 궤변이다. 궤변과 거짓말은 다르다. 거짓말은 그래도 '진실'을 전제한다. 거짓말하는 사람이 마치 그것이 '진실인 것처럼' 말하는 것이다. 거짓말은 어쨌든 일말의 양심의 가책을 느끼며 진실 차체를 추구하는 척이라도 한다.

하지만 궤변은 진실에는 그다지 관심이 없다. 상대방을 이기기 위한 헛소리다. 상대의 사고를 혼란스럽게 하거나 감정을 자극한다. 어떤 주장이나 사실에 대해서는 명확한 검증이 필요하다. 궤변인지 아닌지, 진짜인지 아닌지 검증해야 한다. 그렇지 않으면 비극적인 참사로 이어질 수도 있기 때문이다.

2024년 7월 영국 잉글랜드 머지사이드주의 해안 도시 사우스포트에서 비극적인 사건이 발생했다. 한 어린이 댄스 교실에 17세 소년이 난입해 흉기를 휘둘렀다.

이 사건으로 댄스 교실의 어린이 세 명이 사망하고, 흉기를 든 소년을 막던 성인 두 명도 중태에 빠졌다. 영국에서는 18세 미만 미성년 용의자의 신상은 공개하지 않는다. 따라서 용의자에 대한 공식적인 정보는 더 이상 알 수 없는 상황이었다.

그런데 SNS를 통해 가짜 뉴스가 퍼지기 시작했다. 한 아랍식 이름이 범인의 이름이라고 떠돌았고, 얼마 전 영국에 이주한 인물이라는 식의 유언비어가 퍼졌다. 용의자가 무슬림이고 이민자라는 식의 가짜 뉴스가 삽시간에 퍼졌다. 이는 반이슬람, 반이민 폭력 시위로 번졌다.

'시위로 수십 명의 부상자 발생, 100여 명 체포, 경찰차 전소….'

추측성 가짜 뉴스가 비극적인 폭력 사태로 바뀌는 데 24시간이
채 걸리지 않았다. 무슬림이 싫고 이민자가 싫은 사람들이 만들고
퍼뜨린 가짜 뉴스로 사람들의 사고가 혼란스러워지고 감정이 동
요한 사례다.

최근에는 AI를 이용한 딥페이크 기술이 발전해 사진뿐 아니라
영상까지 조작할 수 있게 됐다. 얼마 전 우크라이나의 대통령 부
부가 전쟁 중에 고가의 부가티 스포츠카를 구매했다는 가짜 영상
이 SNS에 게재되어 24시간 만에 1,800만 조회수를 기록했다. 전
쟁 중인 나라의 대통령이 스포츠카를 살 정신이 어디 있겠는가?
그런 뉴스를 그대로 믿는 것은 위험하다.

道聽而塗說 德之棄也 (도청이도설 덕지기야)
길에서 들은 말을 길에서 전하는 것은 덕을 버리는 것이다.

《논어》, 〈양화〉

공자는 길에서 들은 말을 그대로 옮기는 것을 덕을 버리는 짓
이라고 규정했다. 들은 말을 시비나 선악을 가리지도 않고 그대로
전하는 것은 경계해야 할 일이다. 다른 사람을 비방하는 말, 확인
되지 않은 사건을 전하는 것은 주의해야 한다.

"저커버그, 당신과 우리 앞에 있는 회사들은 손에 피를 묻혔다. 당신들에겐 사람들을 죽이는 제품이 있다."

2024년 1월 미국 워싱턴 국회의사당에서 열린 상원 법제사법위원회 청문회에서 린지 그레이엄 의원은 메타 CEO인 마크 저커버그에게 SNS에서의 허위 정보 유포에 대한 책임을 져야한다는 취지로 비판했다. 저커버그는 그 자리에서 사과하고 앞으로 노력할 것을 약속했다.

오늘날도 여전히 궤변의 시대다. 이런 궤변에 휘둘리지 않으려면 어떻게 해야 할까? 들리는 사실을 그대로 믿지 말고 의심하고 질문해야 한다. 소크라테스가 프로타고라스의 명성에 주눅 들지 않고 뚜벅뚜벅 걸어가 그와 설전을 벌인 것처럼 스스로 검증해야 한다. 그냥 받아들이지 말고 질문하라. 가짜 뉴스와 허위 정보를 만들고 퍼뜨리는 자들에게 짱돌을 던져라. 스스로 검증하라.

지금 보고, 들은 것들에 대해 질문하라.
궤변에 놀아나지 않을 수 있는 방법은 오로지 물음뿐이다.

10

대화는 우리 내면의 생각을 그대로 보여 준다

| 엘렝코스 |

"어떻게 살아야 하는지 가르쳐 주는 미덕을 우리는 대화를 통해 배운다네.
가장 훌륭한 교사는 무엇보다 대화를 활용하지."

크세노폰, 《소크라테스 회상록》

"뭐 먹을까? 어떤 게 먹고 싶어? 한식, 중식, 일식?"

"뭐, 아무거나 괜찮아."

"저기 우렁된장찌개 집이 괜찮다던데."

"더운데 찌개는 별로인 것 같아."

"그럼, 중국집에서 쟁반짜장에 탕수육 먹을까?"

"너무 양이 많지 않나?"

"간단하게 스시는 어때?"

"어제 먹었잖아."

"도대체 뭘 먹고 싶은 거야?"

"저기 새로 생긴 파스타 집에 가자."

'답정너'라는 말이 있다. 최근에 널리 쓰이고 있는 신조어로, '답은 정해져 있고 너는 대답만 하면 돼'의 줄임말이다. 말하는 사람이 방향을 정한 것에 토 달지 말고 그냥 따라오라는 것. 경청하려는 자세가 되어 있지 않은 일방통행식 소통 방식이다.

위의 대화에서도 무엇을 먹을지 질문은 하지만, 상대방의 대답을 기대하지 않는다. 이미 마음속으로는 파스타를 먹기로 정해 놓고 그냥 질문을 툭 던진다. 상대의 기분은 어땠을까?

답정너 방식의 대화에 걸려들면 기분이 과히 좋지 않다. 몇 가지 이유가 있다.

① 질문에 대해 나름 고민해서 한 대답이 아무런 소용이 없다.

② 상대방이 나를 대화의 파트너가 아니라, 일방적인 통보의 대상으로 취급한다.

③ 원하는 대답이 나올 때까지 괴롭힌다는 느낌이 들 수 있다.

한마디로 무시당한다는 느낌을 받기 때문이다. 상대방이 나를 동등한 대화의 상대로 여기지 않는다는 점에 기분이 상한다. 대화는 마주 대하여 이야기를 주고받는 것이다. 대등한 상대와 말하는 것이다. 상대방과의 상호 작용이 부족한 설득, 연설, 통보와는 구별해야 한다.

답정너 대화를 자주 구사하면 어떻게 될까? 사람들이 피한다. 이런 대화를 하는 사람은 대개 말이 안 통한다. 그들에게 대처하는 가장 좋은 방법이 회피다.

마흔 정도가 되면 자기가 몸담은 분야에서 어느 정도 자리 잡고, 조직에서도 일정 수준의 지위에 있을 것이다. 짧게는 10년에서 길게는 20년 이상의 경험이 있기에 그 경험을 바탕으로 많은 문제에 대한 나름의 해답을 알고 있다. 그래서 이런 말이 익숙할 것이다.

"그거 예전에 다 해 봤는데 안 되는 거야."
"이건 더 알아볼 것도 없어. 내 말이 맞아."
"딱 봐도 안되겠네. 해 보나 마나야."

경험을 바탕으로 내는 답이 가장 빠른 길일 수 있다. 시행착오를 줄이고 정확한 문제 해결에 도움이 된다. 하지만 세상의 모든 문제에 정답이란 게 있을까? 상황은 항상 변한다. 시간이 흐를수록 답을 정해 두는 닫힌 사고로는 해결할 수 없는 문제가 점점 늘어난다.

답이 여러 가지일 수도 있고 애초에 답이 없을 수도 있다. 꼭 내가 아니더라도 다른 사람의 아이디어로 문제를 풀 수도 있다. 머리를 말랑말랑하게 하고 열린 사고를 해야 한다. 다양한 방식으로 접근하고 서로 다른 관점을 가진 사람들과 소통하면서 여러 가지 선택지를 찾고 올바른 해결책을 찾아가는 것이 현명하다.

호불호가 심했던 소크라테스와의 대화

소크라테스는 절대 답정너 방식으로 대화하지 않았다. 그는 아테네의 동료 시민들에게 무지의 지를 깨우쳐 주기 위해 진심으로 대화를 나눴다. 소크라테스의 대화 방식을 '엘렝코스'라고 한다. 엘렝코스는 꼬리를 무는 질문과 대답을 통해 어떤 생각이나 주장의 전제를 검증하고 그 모순점을 밝히는 대화법이다. 흔히 '산파술'이라고도 하는데, 엄밀히 말하자면 엘렝코스와 산파술은 차이가 있다.

엘렝코스는 원래 자기의 힘이나 용기 따위를 증명하려고 하다가 실패했을 때 느끼는 명예롭지 않은 감정 상태를 나타내는 말이었다. 그러다가 아테네에 민주주의가 정착하고 소송이 늘어나면

서 상대방의 '잘못을 드러내고', 자기의 '무고함을 입증한다'는 뜻
으로 쓰이게 됐다. 주장을 통해 '드러낸다', '입증한다'의 의미로 변
했다. 이때까지 엘렝코스는 연설적인 성격이 강했다. 자기 입장을
변론하는 것이었다.

소크라테스에 이르러 엘렝코스는 대화로 진화했다. 소크라테
스는 모든 것을 검증하는 수단으로 엘렝코스를 활용했다. 이전의
엘렝코스는 다수의 권위에 의존했고, 일방향이었으며, 이기는 것
이 목적이었다. 법정에서 자신의 무죄를 입증할 때 피고인들은 무
고함을 증명해 줄 많은 수의 증인과 증언을 확보하고 판관과 배심
원을 향해 진술했다.

하지만 소크라테스에게 중요한 것은 상호작용이다. 진정한 검
증을 위해서는 상대방과 서로 얼굴을 보면서 질문하고 답하면서
진실을 가려야 하는 것이다. 상대와 말싸움을 해서 이기는 것이
목적이 아니라 주장하는 바가 옳은지, '진짜'를 밝혀내는 것이 목
적이다.

소크라테스는 자기만의 대화법을 통해 단 한 권의 책도 쓰지 않
고 세계 4대 성인의 반열에 올랐다. 물론 그가 그런 명성을 원한 것
은 아니었지만 말이다. 소크라테스는 항상 사람들을 시험에 들게
했다. 사람들은 그와 대화하고 나면 어딘지 모르게 불편함을 느끼
곤 했다.

"소크라테스에게 이런 일을 당한 이들은 대부분 그를 다시 찾지 않았다."

크세노폰, 《소크라테스 회상록》

"(아니토스가 소크라테스에게) 소크라테스, 당신은 남을 지나치게 흉보는 것 같소. 내 충고를 듣겠다면 조심하라고 경고해 드리죠. 사람들은 남에게 도움을 주기보다 해를 입히기가 쉬운 법입니다. 특히 이 도시에서는 더욱 그렇지요."

플라톤, 《메논》

"(니키아스가 뤼시마코스에게) 소크라테스와 대화를 시작하면 어떻게 되는지 모르시는 것 같소. 원래 대화 주제가 무엇이었든 간에 그의 논리에 계속 휘둘려서 결국에는 자신이 지금 어떻게 살고 있고, 지금까지 어떻게 살았는지 설명하지 않을 수 없게 된다오. 일단 걸려들면 그는 그것들을 하나하나 철저히, 그리고 엄밀히 검증하기 전에는 놓아주지 않을 거요."

플라톤, 《라케스》

크세노폰은 소크라테스의 전기가오리 공격을 당한 사람들이 대부분 그를 다시 찾지 않았다고 전했다. 아마 대다수는 자존심이 상했을 것이다. 아니토스는 훗날 소크라테스를 고발한 인물 중 하나인데, 그가 뒷골목에서 소크라테스를 우연히 만났을 때 '소송 천국 아테네에서 당신 조심해야 하지 않겠어?'라며 조심하라고 경고했다.

니키아스는 소크라테스에게 걸리면 제대로 시험에 든다고 뤼시마코스에게 알려 주기도 했다. 소크라테스에게 탈탈 털린 사람들은 화가 나서 심지어 그에게 주먹을 날리거나 머리끄덩이를 잡아당기기도 했다.

하지만 깨어 있는 이들, 머리가 말랑말랑한 사람들, 진짜를 알아보는 사람들, 삶에서 정말 중요한 무엇인가를 찾던 사람들은 그와의 대화에 열광했다.

알키비아데스: 아무리 훌륭한 웅변가의 연설을 들어도 감동받지 않지만, 이분의 이야기는 제삼자의 입을 통해 전해 들어도 남녀노소를 가릴 것 없이 압도되고 경탄하여 마지않습니다. (…) 이분의 말씀을 들을 때면 내 심장은 춤에 도취한 사제들의 심장보다도 더 요란하게 뛰며 감격의 눈물이 쏟아집니다. 나 아닌 다른 이들도 비슷한 감격에 잠기는 것을 보곤 했지요.

플라톤, 《향연》

삶 자체가
대화였다

아테네인들을 여러 가지 의미로 '미치게' 했던 소크라테스 대화 법의 특징은 무엇일까?

첫째, 대화를 통해 배우려고 했지, 가르치려고 하지 않았다.

"나 자신도 답을 몰라 곤경에 처한 것이지, 고의로 사람들을 곤경에 빠뜨리는 것이 아니네."

플라톤,《메논》

"내가 남에게 질문하더라도 나에게는 지혜가 없어서 아무것도 끄집어낼 수 없다네."

플라톤,《테아이테토스》

소크라테스는 무지의 지의 아이콘이었다. 그는 항상 '나는 무지하다. 아는 것이 아무것도 없다'를 전제로 대화를 시작했다. 그 유명한 소크라테스가 자기 앞에서 모른다고 하니 상대는 무장 해제될 수밖에 없었다.

소크라테스는 상대가 알고 있다는 그것을 말하게 한 뒤에 하나하나 검증했다. 그가 '나는 모르네. 그런데 자네도 모르고 있지 않은가?'라고 말하면 상대가 스스로 '아, 진짜 저는 아는 것이 없네요. 입을 다무는 게 낫겠습니다'라고 백기를 들 때까지 소크라테스의 대화는 이어졌다.

소크라테스가 엘렝코스를 사용한 목적은 상대방이 스스로 생각하는 법을 깨우치도록 돕는 것이었다. 그 질문에 대한 답을 자기가 알고 있어서 가르치려는 것이 아니었다. 대화를 통해 주제에 대해 함께 탐구하는 것이었다. 그래서 소크라테스와의 대화는 결론이 나지 않는 경우도 많았다.

특히 플라톤의 초기 대화편을 보면 특정한 미덕에 대해 대화하다가 결국 그것이 무엇인지 정의하지 못하고 너도 모르고 나도 모르는 상태로 끝나 버리는 경우가 많다. 대화를 통해 상대가 알고 있는 그것이 어떤 미덕의 정의가 아닌지는 알아냈지만, 그 미덕이 무엇인지는 정의하지 못했다.

그렇지만 그는 대화를 통해 상대방이 기존에 갖고 있던 오류 있는 전제, 도덕적인 확신을 무너뜨려 버릴 수 있었다. 거기서 혼란에 빠지거나 분노한 사람들도 있었지만, 깨어 있는 이들은 이 과정을 통해 자신의 무지를 깨닫고 도덕적으로, 지적으로 탁월해지는 길을 갈 수 있었다.

소크라테스에게 덕을 얻는다는 것은 엘렝코스를 통해 잘못된 앎을 제거하는 것이 전제였다. 답을 정하고 가르치는 것이 아니라 너도, 나도 제로 베이스 상태에서 시작하는 것이 소크라테스의 대

어떤 것도 설명하지 않고,
아무것도 배제하지 않는 것이 대화다.

화법이다.

　둘째, 삶을 객관적으로 바라보기 위한 도구로 대화를 택했다.
　머리가 복잡하고 가슴이 답답해질 때 사람들은 낚시, 템플 스테이, 휴가, 여행 등을 통해 자신만의 방식으로 일상에서 거리를 둔다. 그래야 보이지 않던 것이 보이고 객관적인 시각을 가질 수 있기 때문이다.
　거리감은 굉장히 중요하다. 삶을 성찰하려면 거리를 둬야 한다. 자신을 잘 들여다보기 위해, 무엇이 옳은지 검증하기 위해서는 몇 걸음 물러나서 바라봐야 한다. 자기 삶과 거리를 둘 수 있는 가장 좋은 방법은 삶을 객관화하여 대화를 나누는 것이다. 소크라테스에게 '철학을 한다'는 것은 곧 대화하는 것이었다.
　소크라테스 대화의 핵심은 질문이다. 질문을 통해 상황을 다르게 생각해 볼 수 있다. 소크라테스는 일방적인 연설이나 겉만 번지르르한 말이 아닌 대화야말로 미덕이 무엇인지 탐구하는 데 더 도움이 된다고 봤다.

　셋째, 상대방을 있는 그대로 존중했다.
　소크라테스의 대화는 상대에 대한 배려와 존중이 전제됐다. 그는 정치가나 예술가, 장인처럼 사회적으로 명망 있는 사람들과도 대화했지만, 소피스트들, 무두장이, 심지어는 매춘부들과도 대화했다. 모든 이를 있는 그대로 존중하면서 대화했다.

다른 아테네인들에게 대화는 다른 이의 주장을 무효화하고 자기주장을 관철하는 도구로 주로 쓰였다. 하지만 소크라테스는 대화를 통해 상대를 더 훌륭하게 만들겠다는 희망으로 사람들을 만났다.

시도 때도 없이 답정너 대화를 하다가 따돌림을 받기 싫다면 소크라테스처럼 대화하자.

① 답을 정해 놓고 남을 가르치려는 대화가 아닌, 무지의 상태에서 배우려는 자세로 대화를 시도해 보자.
② 경험을 앞세우며 인식의 테두리 안에 맴돌지 말고 질문하는 대화로 객관적으로 상황을 바라보자.
③ 상대방을 동등한 대화 파트너로 인정하자.

정답이 있을 수도, 없을 수도 있다.
답을 정해 두고 대화하지 마라.

11

지식 없는 삶은
죽음에 가까운 삶이다

| 배움 |

"모르는 걸 배우는 것은
조금도 이상한 일이 아니다."

디오게네스 라에르티오스, 《그리스 철학자 열전》

요즘 드라마나 영화, 웹소설, 웹툰 등에서 가장 많은 소재로 활
용되는 장르 중 하나가 '회빙환(회귀, 빙의, 환생)'이 아닌가 싶다.
그중에서도 과거로 돌아가 인생을 다시 산다는 회귀 설정의 콘텐
츠가 인기다.

회귀하는 인물들은 대부분 자기가 겪은 불합리한 일에 대한 복

수를 하거나, 안타깝게 놓쳐 버린 인연을 다시 만나는 등 원래 삶에서는 이루지 못했던 것을 다시 잘 되돌려 보려고 노력한다. 인생을 2회 이상 다시 산다는 의미로 'N회차 인생'이라는 말을 사용하기도 한다.

N회차 인생 설정에서 한 가지 공통점이 있다. 바로 현재의 지식과 노하우, 기억을 그대로 갖고 간다는 것이다. 그래야 과거의 잘못을 반복하지 않고 최적의 선택을 할 수 있다. 남들보다 한발 앞선 정보를 갖고 자기가 원하는 삶을 이끌어 가는 것이다.

그런데 그런 설정을 보자면 헛웃음이 나온다. 지식이나 노하우는 시간을 들여 노력해야 얻을 수 있는 열매인데, 그것을 이미 다 갖추고 다시 시작한다니! 동시대의 다른 인물들과 비교해 보면 불공평하다는 생각이 든다.

게임으로 치면 일종의 치트 키 같은 설정이다. 치트 키는 게임을 쉽게 클리어할 수 있는 명령어다. 전략적인 선택이나 몸으로 겪는 경험을 통한 레벨 업 과정을 생략하고 바로 원하는 것을 얻는 일종의 '꼼수'다.

인생이란 게임에서
이기기 위한 조건

인생이라는 게임에서 치트 키는 무엇일까? 그것은 바로 '지식'이다. 남들이 죽도록 고생해서 얻은 수십 년의 내공과 지식을 거저 갖고 시작하는 것. 꼭 필요한 지식을 보유하고 있다는 사실은 쉽게 인생을 풀어 나갈 수 있다는 조건을 갖췄다는 것을 의미한다.

"훌륭한 결정을 하려면 다수가 아닌, 전문 지식(episteme)에 따라 결정해야 한다."

플라톤, 《라케스》

살아가는 데 지식과 노하우는 결정적인 역할을 한다. 성공적인 삶을 사는 데 필수적인 요건이다. 소크라테스는 무지의 지를 역설 했지만, 자신의 무지를 깨닫기만 한다고 훌륭한 사람이 된다고는 하지 않았다. 오히려 부지런히 사색하고 배울 것을 주문했다. 무지를 알고 나서는 참된 앎, 지식을 추구해야 한다.

소크라테스는 주로 인간이 어떻게 살아야 할지, 윤리적인 분야의 '미덕'에 대한 숙고를 강조했지만, 그렇다고 다른 분야의 지식을 경시하지 않았다. 그는 정치가라면 정치에 대해서, 장군이라는 전술과 군사 운용에 대해서, 석공이라면 돌을 다루는 법에 대해서 전문적인 지식을 갖춰야 한다고 봤다. 어떤 분야든 끊임없이 궁리하고 배워 전문가가 되라는 것이다.

앞에서 다수의 권위, 다수의 압력을 이겨 낼 수 있어야 한다고 했다. 다수가 따르는 길이 모두 훌륭한 길은 아니다. 다수가 아니라 그 분야의 전문가 한 사람의 의견이 더 힘이 있다.

수험생이 한 과목의 성적을 단기간에 효과적으로 끌어올리고 싶다면, 어설픈 강사들의 강의를 여러 번 듣는 것보다 그 과목에서 최고의 실력을 갖춘 일타 강사의 강의를 제대로 한 번 듣는 것이 낫다. 보디빌딩 대회에 나가서 우승하고 싶다면, 동네 헬스장에서 운동하는 일반인들 수십 명의 조언을 듣는 것보다 전문 보디빌더의 코칭을 받는 것이 좋다.

> "우리가 더 잘 아는 분야의 일은 누구든 우리에게 맡길 걸세. 그 경우, 우리는 방해받는 일 없이 마음대로 할 수 있다네. 우리는 그런 분야에서는 자유를 누리고 다른 사람을 지배할 거야."
>
> 플라톤, 《뤼시스》

어떤 분야에서든 지식과 전문성이 있으면 자유로울 수 있다. 다른 사람의 의견에 얽매이거나 흔들리지 않는다. 그 분야에 대해서 내가 누구보다도 잘 아는데 왜 남의 말에 흔들리겠는가? 그러니 진정한 지식은 자유로움과 통할 수 있다.

N회차 인생을 사는 사람들도 정확한 지식을 갖고 있으니 자유롭게 살아가고 올바른 선택을 할 수 있는 것이지, 원래 지식만을 갖고 있다면 이전의 인생과 같은 실수를 반복할 것이다.

이런 지식과 전문성은 거저 얻을 수 없다. 우리가 드라마나 웹툰에서처럼 회귀하지 않은 한 배워야 한다. 배움의 과정이 필수적이다. 배움을 위해 필요한 것은 무엇일까? 여러 가지가 있겠지만, 나는 소크라테스를 본받아 호기심과 배우려는 자세가 중요하다고 강조하고 싶다.

발달 장애 아들이 천재로 성장하다

"세상 모든 아이는 지적 호기심이 있지만, 어른이 되면서 이 호기심을 잃어버린다."

이어령

"모든 아이는 예술가다. 다만, 문제는 그들이 성장하면서도 여전히 예술가로 남아 있는가 하는 것이다."

피카소

"궁금해하는 것, 그것이 바로 과학의 씨앗이다."

랄프 왈도 에머슨

호기심은 궁금해하는 마음이다. 우리는 언제 궁금증이 들까?

사물이나 현상을 당연하다고 여기지 않을 때 궁금증이 생긴다. 당연하다고 여기면 궁금해하지 않는다. '왜 그럴까?'라고 질문하지 않는다. 아이들은 호기심으로 가득 차 있다. 어른들이 볼 때는 참 별걸 다 궁금하게 여긴다. 호기심은 아이와 같은 천진난만함, 여유와 여백에서 생길 수 있다.

하지만 아이들도 시험을 치면서 학원 뺑뺑이를 돌면서 여유와 여백을 잃어버린다. 호기심도 사라진다. 시험에서 좋은 점수를 얻기 위한 공부는 호기심을 죽인다. 호기심을 죽이는 교육을 받아 온 아이들은 고등학교나 대학을 졸업하면 공부를 멀리한다. 더 이상 시험을 치지 않아도 되기 때문이다. 호기심을 품는 능력을 잃어버렸기 때문이다.

19세기 독일의 시골 목사 칼 비테는 발달 장애로 태어난 아들을 당대의 천재로 키워 냈다. 칼 비테의 아들은 어릴 때부터 호기심을 자극하는 방식의 교육을 통해 천재로 자랐다.

아이는 세 살에 모국어인 독일어를 완벽하게 구사했다. 모국어뿐 아니라 꾸준한 외국어 공부를 통해 아홉 살에 라틴어를 비롯한 프랑스어, 이탈리아어 등 여섯 개 국어를 정복했다. 10살에는 라이프치히 대학교에 입학했다. 13살에는 기센대학교에서 철학 박사 학위까지 받았다.

또한 습득한 언어를 활용하여 해당 언어의 고전을 원전으로 읽었다. 당시 많은 유명 인사, 대학 교수들, 그리고 황실에서도 칼 비테와 아이를 초청하여 아이의 지식과 식견을 확인하고는 놀라워했다. 칼 비테 주니어는 당대의 유명 인사였다.

칼 비테의 아들은 미친 듯이 공부만 했을 것 같지 않은가? 하지만 의외로 칼 비테는 아이에게 공부만 시키지 않았다. 오히려 아이가 공부하고 싶어 안달이 나도 밖에 나가 뛰어놀게 했다. 아이의 건강을 중요하게 생각했기 때문이다.

그렇다면 학습 시간이 그렇게 많지 않았는데도 어떻게 수많은 언어를 정복하고, 고전도 척척 읽어 낼 수 있었을까? 그 비밀은 바로 '호기심 자극'이다.

예를 들면 이런 식이다. 아이가 좋아하는 공연 티켓을 보여 주면서 같이 보러 가면 좋겠다고 말한다. 아이는 큰 관심을 보이면서 티켓을 받아 든다. 그런데 티켓에 쓰인 글이 처음 보는 이탈리아어다. 그러면 아버지는 아이에게 "너도 이탈리아어를 읽을 수 있으면 참 좋겠는데…"라고 말한다. 아이가 티켓에 쓰인 글을 읽고 싶어 안달이 나게 계속 자극을 주는 것이다.

그러다 이탈리아어 사전을 준다거나, 이미 아이가 재미있게 읽은 책의 이탈리아어본을 구해서 준다거나 하면서 공부를 시작하는 계기를 만들어 준다. 그러면 아이는 어떻게 할까? 호기심의 꼭대기에 올라간 상태에서 스스로 이탈리아어를 의욕적으로 공부한다. 이런 식으로 필요한 공부 분야를 하나하나 정복해 나간 것이다.

   칼 비테의 사례에서 볼 수 있듯이 호기심은 자극할 수 있고 기를 수 있다. 호기심을 품는 것은 능력이다. 나는 칼 비테의 모습에서 소크라테스를 봤다. 소크라테스는 모든 이가 자기 삶에 중요한 가치에 대해 호기심을 가질 수 있도록 자극했다. 그 방식은 전기가오리 질문이었다.

   그는 모두가 당연하다고 생각하는 사실에 대해 질문하면서 충격에 빠뜨렸다. 그의 전기가오리 공격을 당한 사람 중에 문제의식이 있는 사람들은 그를 만난 이후 비로소 자기 인생과 가치관에 의문을 품고 질문을 던졌다. 그냥 흘러가는 대로, 사회에서 정해준 대로 살아가던 사람들이 어떻게 사는 것이 좋은 삶인지, 탁월한 삶인지 궁금해하기 시작한 것이다.

   호기심이 마냥 좋은 것만은 아니다. 호기심에는 좋은 호기심과 나쁜 호기심이 있다. 좋은 호기심은 그것을 해소했을 때 우리에게 도움이 되는 것이다. 성장과 발전으로 이끌어 주는 호기심이다. 소크라테스나 칼 비테 주니어가 품었던 호기심이다. 어떻게 살아야 올바로 사는 것인지 윤리적인 질문을 던지는 것, 지적인 능력 향상을 위한 호기심과 같은 것이다.

반면에 나쁜 호기심은 그것을 해소했을 때 성장에 도움이 되지 않는 것이다. 예를 들어 '마약을 하면 어떤 기분일까?', '술에 잔뜩 취하면 어떻게 될까?', '소주 반병 정도 마시고 운전해도 잘할 수 있지 않을까?'와 같은 것들이다. 자신과 남에게 해를 끼칠 수 있는 호기심이다.

좋은 호기심은 우리의 성장과 발전으로 이어진다. 좋은 호기심을 채우기 위해서는 배워야 한다. 스스로 공부를 하는 방법도 있고, 스승을 구해 묻는 방법도 있다. 여기서는 그 스승이 바로 소크라테스다.

'사숙(私淑)'이라는 말이 있다. '스승에게 직접 가르침을 받지는 않지만, 마음속으로 그를 본받아서 배우는 것'을 뜻한다. 소크라테스는 우리 곁에 없다. 그는 책 한 권 남기지 않고 철학적 순교자로 허망하게 떠났다. 하지만 다행히 우리는 플라톤, 크세노폰 등 그의 제자들과 많은 작가가 남겨 준 그의 그림자를 접할 수 있다.

> "당연히 알아야 할 것을 모르는 사람은 그것을 아는 사람한테 배워야 한다."
>
> 크세노폰, 《소크라테스 회상록》

소크라테스에게 배울 점 중 하나는 그의 배움에 대한 자세다.

그는 자기보다 나이가 젊거나 명성이 부족한 사람에게 질문하는 것에 전혀 거리낌이 없었다. 상대방과 자신의 처지를 전혀 고려하지 않았다. 그가 고려한 것은 '상대방이 아는지 모르는지', '구하고자 하는 지식이 있는지 없는지'였다. 그리고 대화를 통해 상대와 함께 검증했다.

敏而好學 不恥下問 (민이호학 불치하문)
(공어는) 민첩하게 배우기를 좋아하고, 아랫사람에게 묻는 것을 부끄러워하지 않았다.

공자, 《논어》

공자가 '공어'라는 사람이 사망하자 '문(文)'이라는 시호를 내렸다. 그리 유명한 사람이 아니었기에 자공이라는 제자가 스승에게 왜 그렇게까지 하셨는지 물었다. 이에 공자는 '공어가 누구에게라도 모르는 것을 묻는 데 부끄러움이 없었기 때문'이라고 말했다.

성인들의 공통점이 묻는 것을 부끄러워하지 않는다는 점이다. 모르는 것은 물어보면 되지 않겠는가? 하지만 사람들은 누군가에게 묻는다는 것을 체면과 자존심이 상하는 것이라고 여긴다. 체면 때문에 무식하게 살 것인가? 현명한 사람은 모르는 것을 알려고 노력하지 않는 것을 부끄러워하지, 묻는 것을 부끄러워하지 않는다.

소크라테스는 계속해서 질문을 던진다. 알고 있다고 믿는 모든 걸 검증하라고 요구한다. 그리고 모르는 걸 부끄러워하지 말고 배우라고 재촉한다. 배움과 성장은 해도 좋고 안 해도 그만이 아니다. 만약 산다는 것이 잘 먹고, 잘 자고, 잘 싸는 것만이라고 생각한다면? 축하한다. 당신은 행복한 돼지에 당첨된 것이다. 그렇게 행복하게 살아도 된다.

하지만 나는 소크라테스의 길을 택하겠다. 더 나은 사람이 되고 싶으니 말이다. 조금 불편해도 성장을 위해 노력하자. 그 길은 끊임없이 묻고 배우는 것이다. 소크라테스처럼.

모르는 것을 부끄러워 말라.
모르는 것을 알려고 하지 않을 때가 부끄러운 것이다.

12
죽음을
두려워 말라

| 죽음 |

"저에게 죽음을 앞둔 소크라테스 선생님은
행복해 보였습니다."

플라톤, 《파이돈》

가끔 지인의 가까운 가족이 세상을 떠나 조문 다녀올 일이 있다. 20~30대에는 동년배 지인들의 부모상이 흔치 않았는데 40대가 되니 문상할 일이 느는 것 같다. 소중한 사람들이 세상을 떠나는 원인은 다양하다. 암 같은 질병, 사고, 갑작스러운 사망 등.

조문을 가면 어떤 표정을 지어야 할지 애매할 때가 있다. 물론 대부분은 떠나간 이를 애도하며 슬픈 표정을 짓는다. 기대 수명이 80세 정도 되다 보니 요즘은 70대에 별세하시면 일찍 가셨다고 하며 많이 슬퍼하기도 한다.

하지만 장기간 고통스러운 투병을 하셨거나, 90세 이상 많은 연세에 떠나신 경우는 장례식장 분위기가 어둡지만은 않다. 큰 병 치레 없이 오래 살다 가신 경우는 호상(好喪)이라 하기도 한다. 떠나신 분에 대한 정보가 없더라도 보통 상주의 표정을 보면 호상인지 아닌지 알 수 있기도 하다.

죽음은 나와는 거리가 있는 일이라고 생각했는데 주변 어르신들의 연세가 많아지고 조문 다닐 일도 부쩍 늘어나다 보니 죽음에 대해 생각해 보지 않을 수 없다. 인생은 죽음이라는 종착지가 있다는 점에서 누구에게나 평등해 보이지만, 그 시점이나 방식 때문에 조금은 불공평하다는 생각이 들기도 한다.

빈부나 사회적인 명성에 따라 달라지는 장례식장의 풍경도 그리 반갑지만은 않다. 수많은 화환이 복도까지 가득한 장례식장과 초라한 장례식장. 그 주인공들의 삶은 어떤 차이가 있을까? 누구나 피할 수 없는 죽음을 어떻게 맞이하는 것이 좋을까?

몽테뉴는 《수상록》에서 "죽음이 무엇인지 알면 모든 굴복과 속박에서 벗어날 수 있다"라고 말했다. 죽음에 대해 전혀 생각하지 않는 사람들에게 죽음이란 막연한 두려움이다. 어떻게든 피하고 싶다. 죽음에 대한 두려움 때문에 잘못된 판단을 할 수 있다. 하지만 죽음이 무엇인지 탐구하고 스스로 정의를 내리고 있다면 죽음을 담담하게 맞이할 수 있지 않을까?

고대 로마에서는 개선장군이 시가행진할 때 노예들에게 '메멘토 모리(Memento Mori)', 즉 '죽음을 기억하라'고 외치게 했다고 한다. 지금의 영광이 영원한 것이 아니고, 언젠가는 죽음에 이른다는 사실을 항상 염두에 두고 겸손하게 살아가라는 의미에서다. 죽는다는 사실을 잊지 않고 있으면 현재의 삶에 더욱 충실할 수 있다. 죽음을 직시하고 항상 기억한다면 삶은 오히려 더 풍요로워질 수 있다.

중요한 삶의 문제에 질문을 던진 소크라테스가 죽음에 대해서는 어떤 질문을 던졌을까? 파이돈은 소크라테스가 죽기 직전까지도 행복해 보였다고 했다. 소크라테스는 죽음을 무엇이라고 생각했기에 죽는 순간까지도 행복할 수 있었을까?

죽음에 대해
내린 결론

"그들의 창은 이제 대부분 부러졌다. 그래서 칼로 페르시아인들을 도륙했다. 레오니다스는 이 혼전 중에 분투하다 전사했고, 내가 이름을 알고 있는 다른 저명한 스파르타인들도 기억에 길이 남을 인물들로 전사했다. 사실 나는 300명 전원의 이름을 알고 있다."

헤로도토스, 《역사》

BC 480년 페르시아 전쟁 당시 스파르타의 레오니다스왕은 300명의 스파르타 전사를 포함한 그리스 동맹군 1,400명을 이끌고 테르모필레에서 30만 이상의 페르시아군의 발을 묶어 놓았다. 이 전투에서 시간을 끌어 준 덕에 그리스 연합군은 전열을 정비할 수 있었고, 살라미스 해전에서 페르시아에 결정적인 타격을 입히고 승리할 수 있었다.

말도 안 되는 수적인 열세에도 불구하고, 대군을 막아 낸 그리스 연합군의 중심에는 스파르타 전사 300명이 있었다. 테르모필레에서 스파르타 전사들의 죽음에 그리스인들은 깊은 인상을 받았다. 테르모필레 전투 10여 년 뒤에 태어난 소크라테스도 그 영웅담을 들으며 자랐을 것이다.

소크라테스는 스파르타의 검소하고 절제하는 문화를 숭배했다. 그들은 겉치레보다 삶의 근본에 집중하려고 노력했다. 스파르타인들은 개인보다는 폴리스를 위해 헌신하고 훌륭한 삶과 명예로운 죽음을 추구했다.

테르모필레 전투에서 죽음을 맞이한 레오니다스 왕과 전사들은 스파르타인들이 추구하던 모습처럼 '칼로스 타나토스(Kalos

Thanatos)', 즉 '아름다운 죽음'을 성취해 냈다.

고대에 '팽형(烹刑)'이라는 형벌이 있었다. 사람을 끓는 물이나 기름에 삶아 죽이는 끔찍한 벌이다. 당하는 사람에게 너무나 고통스러운 형벌로, 아주 큰 죄를 지은 죄인에게만 시행했다.

조선 시대에는 너무 끔찍하다고 하여 삶아 죽이는 시늉만 하고 사회적으로 매장해 버리는 명예형으로 바뀌었는데, 그 결과가 어찌 보면 죽는 것보다 더 비참했다. 팽형은 주로 죄질이 나쁜 탐관오리들을 대상으로 시행했다. 팽형을 당하고 난 뒤에 가족들을 비롯한 모든 사람이 그를 가짜로 장사 지내고, 먹을 것만 주며 아예 없는 사람처럼 무시해 버렸다. 팽형을 당한 죄인은 그 시점부터 죽어 버린다. 살아도 사는 것이 아닌, 유령 인간이 되어 버리는 것이다. 이런 죽음은 아름답지 않은 죽음이다.

테르모필레 전투 당시 살아남은 스파르타 병사가 있었다. 그는 동료들이 모두 죽은 전투에서 살아남았다는 이유로 고향에서 뭇사람에게 손가락질당하며 불명예스럽게 살았다. 살아 있었지만 아름답지 않은 모습으로 죽어 버린 것이다. 그 병사는 결국 페르시아와의 전쟁에 다시 참전하여 용감히 싸우다 명예롭게 삶을 마감했다. 스파르타는 그런 폴리스였다.

스파르타인들은 불명예스럽게 살아남는 것보다 아름다운 죽음, 명예로운 죽음을 맞이하려 했다. 이런 스파르타의 정신을 동경했던 소크라테스는 죽음에 대해 어떻게 생각했을까?

"죽음을 두려워한다는 것은 지혜롭지 않은데도 지혜롭다고 여기는 것입니다. 모르는 것을 안다고 생각하는 거니까요. 누구도 죽음을 알지 못하는데, (…) 그것을 무서워하니 하는 말입니다. 그런데 어떻게 이것이 모르는 것을 안다고 생각하는, 그 비난받을 만한 무지가 아닐 수 있을까요?"

플라톤, 《소크라테스의 변명》

죽음이 무엇인지는 정확히 알 수 없다. 소크라테스가 살던 2,500년 전이나 지금이나 죽음의 실체에 대한 지식은 한 뼘도 자라지 않았는지도 모른다. 우리는 죽음에 대해 무지하다. 죽음이 좋은지 나쁜지 알 수 없다.

그런데 많은 이들은 죽음을 좋지 않은 것이라고 단정 지어 버리고 두려워한다. 모르는 것을 좋지 않다고 생각하는 것, 완전한 무지의 잔치다. 그러니 죽음을 무서워하는 것은 지혜롭지 않은 자가 지혜로운 척 꾸미는 것에 불과한 것이다. 소크라테스는 자신이 죽음에 대해 무지하다는 사실을 알고 있었다.

"죽음은 '무(無)'와 같은 것으로 죽은 자는 어떤 감각도 갖고 있지 않거나, 영혼이 여기서 다른 곳으로 옮겨 사는 것이거나 둘

중 하나입니다."

플라톤, 《소크라테스의 변명》

소크라테스는 죽음에 대한 무지를 인정하는 데서 그치지 않았다. 죽음에 대해 질문했다. 죽음이란 무엇일까? 그는 영혼의 유무를 기준으로 죽음이 무엇인지 검증했다.

먼저 인간에게 소위 '영혼'이라는 것이 없다고 생각해 보자. 영혼이 없는 인간에게 '살아 있음'은 몸을 기준으로 판단해야 한다. 지각 능력과 감각 능력이 온전히 작용할 때 생각대로 몸을 움직일 수 있을 때 살아 있는 것이다.

반대로 죽음은 모든 감각과 인지 능력이 정지하고 몸을 움직일 수 없는 무의 상태가 되는 것이다. 이런 죽음에 대해 두려워할 만한 것이 있을까? 없다. 그냥 아무것도 아닌 상태가 되니 느끼는 것도 없고, 생각하는 것도 없는데 무서워할 이유가 없기 때문이다. 마치 스위치를 온·오프하면 불이 켜졌다 꺼졌다 하는 것처럼 아무것도 아닌 것이다.

만약 당시 많은 이가 믿었던 것처럼 영혼이 있다면? 죽음은 영혼이 육신이라는 껍데기를 벗고 영혼들의 세상으로 옮겨 가는 것이다. 이 경우 죽음을 두려워할 이유가 있을까? 없다. 죽음은 불멸하는 영혼의 이동일 뿐이지 완전한 소멸이 아니기 때문이다.

소크라테스는 죽어서 영혼이 다른 곳으로 이동한다면 오히려 행복하다고 생각했다. 그토록 존경하는 호메로스와 만나 이야기를 나눌 수 있기 때문이라는 이유다. 소크라테스는 논리적으로 추론해 봤을 때 영혼이 있든 없든 죽음은 두려워할 것이 아니라고 결론을 내렸다. 소크라테스에게 앎과 삶은 그대로 일치한다. 그는 이런 죽음에 대한 앎을 바탕으로 죽음을 두려워하지 않았다.

어떻게 사는냐만큼
어떻게 죽느냐도 중요하다

"죽음을 피하는 게 어려운 건 아닐 것입니다. 훨씬 더 어려운 것은 불의를 피하는 것입니다. 그것은 죽음보다 더 빠르니까요. 지금 나는 나이 먹고 느려서 더 느린 죽음에 잡혔지만, 나를 고발한 자들은 더 빠른 것, 즉 불의에 붙잡혔지요."

플라톤,《소크라테스의 변명》

그는 죽음보다 두려워해야 할 것은 불의, 사악함이라고 생각했다. 그리스인들은 추상 명사를 의인화하는 데 능했다. 소문이나 질병, 불의 같은 개념을 신이나 사람처럼 묘사했다.

소크라테스는 사형 판결을 받고 나서도 멋들어지게 "발이 빠른 것은 불의이고, 느린 것은 죽음이다. 나는 늙고 힘이 없어서 걸음이 느린 죽음에 붙잡혔지만, 나를 고발한, 민첩한 당신들은 오히

죽음은 두려워할 존재가 아니라
우리 삶의 일부다.

려 발이 빠른 불의에 붙잡혔다"라며 죽음과 불의를 의인화해서 말했다. 자신은 좋은지 나쁜지 정확히 알 수 없는 죽음을 맞이했지만, 당신들은 명확하게 좋지 않은 불의에 붙잡혔다는 것이다.

"자유로운 인간답지 않게 연명하며 하찮은 삶을 사느니 차라리 죽음을 택하겠네."

크세노폰, 《소크라테스의 변론》

아테네인들은 소크라테스가 더 이상 자기들을 성가시게 하지 않는다면 추방하거나 목숨을 살려 줄 의향이 있었다. 정치적인 세력도 없고 부유함과도 거리가 먼 70세나 된 노인을 죽여서 무슨 이득이 있겠는가?

하지만 소크라테스는 그렇게 자유를 잃게 되느니 죽음을 택했다. 자유를 잃는다는 것은 가치 있고, 살 만한 삶을 살 수 없다는 의미. 동료 시민들의 무지를 깨우쳐 주는 자기 소명을 다 하지 못하고 목숨만 부지하는 삶, 돼지와 같은 삶은 그에게 의미가 없었다.

소크라테스의 사형은 바로 이뤄지지 않았다. 소크라테스가 사형 선고를 받고 나서 실제로 독배를 마시기까지는 한 달의 시간이 걸렸다. 아테네에서는 델리아라는 종교 행사가 있었다. 아테네인들은 해마다 델로스로 사절단을 보냈다가 그들이 돌아오기까지 죄인들의 형 집행을 미뤘다. 덕분에 소크라테스는 한 달 정도 제자들과 이야기를 나누면서 시간을 보낼 수 있었다.

이 시간 동안 소크라테스는 무엇을 했을까? 예정된 죽음에 괴로워하고 아테네를 위해 봉사한 자신에게 사형을 선고한 시민들을 원망했을까? 전혀 그렇지 않다. 그는 그간 해 보지 않았던 시를 써 보기도 하고 제자들과 한가롭게 대화를 나눴다. 아테네 거리가 아닌 감옥으로 장소를 옮겼을 뿐 평소와 똑같이 질문하고 탐구했다.

마지막 날, 소크라테스의 아내 크산티페가 감옥 안에서 곡을 했다. 그는 아내를 내보냈다. 아테네 남자들은 애도하는 여자들을 통해 자기의 세력을 과시하기도 했지만, 소크라테스는 그런 죽음을 원치 않았다.

그는 깨끗하게 몸을 씻고 친구와 제자들에게 자기 자신을 돌보라는 말을 하고 독배를 마실 준비를 했다. 서두르지 말고 최대한 시간을 보내고 독미나리즙을 마시라는 친구 크리톤의 말에 소크라테스는 이렇게 답했다.

"조금 후에 마신다고 한들, 비웃음 외에 아무런 이득도 얻지 못할 것이네."

플라톤,《파이돈》

죽음에 대해 스스로 정의하고 이미 초월한 그에게 죽음의 때는 아무런 상관이 없었다. 소크라테스는 독미나리즙을 주는 사람에게 그것을 마시고 어떻게 하면 되는지 물었다. 약을 주는 사람은 마시고 나서 다리에 묵직함이 느껴질 때까지 걷다가 누우라고 대답했다. 침착하고 편안하게 독배를 마신 뒤 소크라테스는 이리저리 걷다가 다리가 무겁다고 하고는 자리에 누웠다. 오열하는 제자들 사이에서 죽음을 기다리다 한 소크라테스의 마지막 말이 의미심장하다.

> "크리톤, 우리는 아스클레피오스에게 닭 한 마리를 빚지고 있네. 부디 잊지 말고 갚아 주게나."
>
> 플라톤, 《파이돈》

아스클레피오스는 그리스 신화 속 의술의 신으로, 죽은 자를 살려 내는 능력이 있다고 전해진다. 소크라테스는 왜 유언으로 아스클레피오스를 찾았을까? 만만치 않았던 자기 삶의 고통이 이제 죽음으로 치유된다는 사실에 대한 감사였을까? 아니면 자기의 죽음을 통해 아테네를 치유할 수 있다고 생각한 것일까?

> "내가 올바르게 노력했는지, 그리고 뭔가를 이뤘는지, 머지않아 저곳에 가면 분명히 알게 되겠지."
>
> 플라톤, 《파이돈》

소크라테스는 아름다운 죽음을 맞았다. 멋지게 세상을 떠났다. 그의 정신은 죽음으로써 부활하여 수천 년이 지나 이곳에 살고 있는 우리에게도 전해지고 있다. '어떻게 사느냐'만큼 중요한 것이 '어떻게 죽느냐'다.

마흔, 이제 대략 절반의 삶을 살았다. 나머지 삶을 빛나게 하기 위해서는 죽음을 정의해야 한다. 어쩌다 한 번씩 장례식장에서만 죽음을 생각하지 말고 항상 죽는다는 사실을 기억하라. 죽음에 대해 이해하면 삶이 더욱 빛난다. 각자의 죽음을 정의하라. 죽음을 정의해야 아름다운 죽음을 준비하고 진짜 삶을 살 수 있다.

모든 인간은 죽음을 피할 수 없다.
아름답게 죽음을 맞이하자.

3장

어떤
사람으로
살고
싶은가

인생 철학자의 관계

13

사랑은 눈이 아니라
마음으로 보는 것이다

| 사랑 |

"잘 보이고 싶은 사람에게 거지처럼 사랑을 구걸하고
떳떳하지 못한 행동을 애걸하는 것은 자유민답거나, 훌륭한 사람답지 않네."

크세노폰, 《소크라테스 회상록》

사랑이란 무엇일까? 마흔의 사랑은 어떠해야 할까? 마흔의 사
랑은 이전과 같이 열정만으로 가득하지는 않다. 무턱대고 달려들
지 않는다. 좋게 말하면 신중하면서 조심스럽고, 다른 면에서는
사랑이라고 할 만한 뜨거운 불꽃이 약할지도 모르겠다.

우리는 몇 차례 사랑의 경험을 통해 사랑에 대해 나름대로 정

의하고 있다. 배려심, 희생, 먼저 베풀기 등 사랑이란 어떠해야 한다는 원칙도 있을 것이다. 내가 알고 있는 사랑의 원칙에 대해 검증해 보면 어떨까?

그리스·로마 신화에는 나르키소스와 에코의 비뚤어진 사랑 이야기가 나온다. 에코는 아름다운 요정이었지만, 말이 너무 많았다. 그녀는 끊임없이 재잘댔다.

어느 날 에코는 요정들과 노닥거리던 제우스를 찾아온 헤라를 붙잡아 두려고 시간을 끌었다. 주특기인 끝없는 재잘거림으로 헤라를 질리게 했다. 요정들이 헤라의 눈을 피해 달아날 시간을 벌어 주려는 꼼수였다.

에코의 속셈을 알아챈 헤라는 분노했고, 그녀에게 벌을 내렸다. 헤라는 그녀가 상대방의 말에는 같은 대답은 할 수 있지만, 스스로 먼저 말하지 못하게 만들어 버렸다.

하루는 에코가 나르키소스라는 잘생긴 청년을 보고 한눈에 반했다. 그녀는 그에게 먼저 말을 걸고 싶었지만, 헤라 여신의 형벌 때문에 그렇게 할 수 없었다. 숲속에서 사냥하던 나르키소스는 친구들과 떨어지게 되었고 큰 소리로 친구들을 불렀다.

"누가 여기 있느냐?" 이 말에 에코는 이렇게 답할 수밖에 없었다.
"있느냐, 있느냐~" 에코의 대답은 정해져 있었다.

"이쪽으로 오거라."

"오거라, 오거라~"

"왜 나를 피하느냐, 우리 같이 가자."

이 말에 에코는 모습을 드러내 나르키소스를 안으려고 했다. 하지만 나르키소스는 이상한 말만 하는 그녀가 마음에 들지 않았다. 마음속으로 '나를 안아 주세요'라고 외치고 있는 에코의 말이 나르키소스에게 들릴 리가 없었다.

나르키소스는 그녀를 떠나 버렸고 에코는 수치심에 휩싸여 산 속 절벽이나 동굴을 떠돌아다니다 형체를 잃어버렸다. 그녀는 이제 목소리만 남게 됐다. 메아리가 되어 버린 것이다. 사랑을 구걸하던 에코는 자기 자신을 잃어버렸다.

나르키소스는 자기만 알고 남을 배려할 줄 모르는 잔인한 남자였다. 한번은 그에게 반한 요정이 나르키소스의 마음을 얻으려 노력하다가 매몰차게 거절당했다. 요정은 복수의 여신에게 나르키소스도 사랑에 보답받지 못하는 비참한 심정을 느끼게 해 달라고 기도했다.

복수의 여신은 독특한 방식으로 그 요정의 기도를 이뤄 준다. 그 누구에게도 마음을 빼앗긴 적 없었던 나르키소스가 맑은 샘에 비친 자기 모습을 보고 사랑에 빠지게 된 것이다. 나르키소스가 아무리 사랑을 표현하려고 해도, 샘에 비친 그림자를 만져 볼 수도 껴안아 볼 수도 없었다.

나르키소스는 마치 에코가 그렇게 되었듯이, 날로 초췌해지고 기력을 잃어 갔다. 달뜬 사랑에 애태우던 나르키소스는 결국 숨을 거두고 만다. 에코는 나르키소스가 죽는 그 순간까지도 형체 없는 그대로 곁을 지키며 그의 말을 따라 했다.

소크라테스는 균형이 무너진 사랑에 반대했다. 한쪽이 다른 쪽에 애정을 구걸하거나, 자기 욕심만을 채우려는 관계를 경계했다. 에코와 나르키소스의 이야기는 대등하지 않은 관계에서의 사랑, 상대에 대한 배려 없이 자신의 욕망을 채우려는 사랑의 모습을 보여 준다.

에코의 나르키소스에 대한 사랑은 건강하지 않다. 에코는 대화의 능력이 거세됐다. 동등한 존재로 나르키소스와 이야기를 나눌 수 없었다. 그녀는 자기주장을 할 수 없고 제 생각을 표현하지 못한다. 그녀가 할 수 있는 거라고는 오직 나르키소스를 따르는 것뿐. 그가 한 말을 되뇌고 철저하게 무시당하고 경멸의 대상이 된다. 이런 관계는 결코 사랑이라고 할 수 없다.

나르키소스에게 거절당한 요정의 사랑은 미움으로 변질됐다. 상대가 나를 받아 주지 않는다는 이유로 그를 저주했다. 그가 고통 받기를 원하고 자기와 똑같은 고통을 당하기를 원했다. 마치 함무라비 법전에 나와 있는 '탈리오의 법칙(눈에는 눈, 이에는 이)'

과 같다. '내가 당한 만큼 너도 똑같이 당해 봐라'라는 복수심. 사랑했던 것만큼 아픔도 크고 그만큼 상대에 대한 복수심도 커진다. 이런 마음을 사랑이라고 하기는 어렵다.

나르키소스의 자기 사랑도 비뚤어져 있다. 그는 자기 모습에 반한다. 반한 뒤에는 무엇을 했을까? 그게 자신인지도 모르고 상대방을 소유하려 한다. 아름다운 상대를 차지하려는 욕망 때문에 물속에 손을 뻗고 입을 맞춘다. 욕망에 눈이 멀어 사리를 분별하지 못하는 모습이다. 상대의 정체조차 파악하지 않고 달려든다.

이런 불같은 열정에 상대를 배려하는 마음이 있을까? 그는 자신에게 마음을 고백하는 요정들에게는 매몰차다. 자기 욕망을 실현할 만한 대상이 아니기 때문이다. 하지만 자기 욕망을 실현할 만한 아름다운 대상을 만나자(그게 자기 모습이라는 게 역설적이다) 그에 푹 빠져 애태우다 죽음에 이른다. 이런 모습도 건강한 사랑이라고 말하기는 힘들다.

제우스 신의 분노로
반으로 갈라진 인간

흔히 사랑하는 상대방을 자기의 '반쪽'이라고 말한다. 이 말은 어디에서 나왔을까? 플라톤의 《향연》에는 소크라테스가 살았던 당시 최고의 희극 시인이었던 아리스토파네스가 등장하여 사랑이

란 자신의 반쪽을 찾으면서 생기는 감정이라고 설명하는 장면이
나온다.

아리스토파네스에 따르면 원래 인간에게는 머리가 두 개, 팔과
다리가 각각 네 개씩 있었다. 지금 기준으로는 괴상하게 생겼지
만, 그 상태의 인간은 완전체였다. 신에 버금갈 만큼 아주 강하고
완벽한 존재였다.

문제는 당시 인간들이 자기 능력을 과신한 나머지 신에게 도전
했다는 것이다. 머리 두 개, 팔다리 네 개 달린 인간들의 오만함을
보고 제우스 신은 분노했다. 그는 인간들에게 그의 주특기인 벼락
을 내리쳤다. 인간들은 벼락을 맞고 모두 반으로 갈라졌고, 아폴
론은 갈라진 그들의 상처를 꿰매 줬다. 이때 꿰맨 흔적이 배꼽이
됐다.

이제 인간은 머리 한 개, 팔다리가 각각 두 개인, 반쪽짜리 열
등한 존재가 됐다. 이제 인간들은 태생적으로 불완전함을 느낀다.
인간들은 다시 완전한 존재가 되기 위해 필연적으로 자기 반쪽을
찾아 헤매게 됐다. 이것이 사랑(에로스)이다.

태초에 잃어버린 나를 찾는 것, 시인다운 꽤 멋진 사랑의 정의
다. 하지만 이런 사랑의 정의는 위험할지도 모른다. 왜냐하면 어
떤 상대를 만났을 때 나는 '드디어 잃어버린 반쪽을 찾았다'고 여
기는데, 상대는 나를 자신의 반쪽으로 생각하지 않을 수도 있기
때문이다.

제우스의 벼락에 갈라진 나의 반쪽이 아니라 다른 이의 반쪽일 수도 있지 않은가? 자기의 불완전함을 채우려는 욕망은 언제든 엇갈릴 수 있다. 이런 욕망에서 비롯된 사랑은 이기적인 사랑이 되기 쉽다. 자기 욕망만을 채우려는 사랑, 나르시시스트적인 사랑은 위험하다. 그 욕망이 좌절되었을 때 파괴적으로 변질될 수 있다. 마치 요정이 나르키소스를 저주한 것처럼 말이다.

에밀리 브론테의 《폭풍의 언덕》에는 주인공 캐서린과 히스클리프의 오해로 얼룩진 파괴적인 사랑이 나온다. 고아로 버려졌던 히스클리프는 언쇼가(家)의 워더링 하이츠 저택에 들어와 보살핌을 받는다. 언쇼가의 아들 힌들리는 사사건건 히스클리프와 부딪히면서 그를 미워하지만, 딸 캐서린은 그와 사랑에 빠진다. 아버지가 죽은 뒤 힌들리는 사이가 좋지 않던 히스클리프를 하인처럼 대하며 학대한다.

캐서린은 언덕 아래 린튼가의 드러시 크로스 저택을 둘러보다가 경비견에 물려 5주간 치료를 받고 돌아오는데, 이후 히스클리프와 거리를 둔다. 그녀는 장남이 모든 것을 상속받는 세상에서 히스클리프를 보호하기 위해 린튼가의 아들 에드거와 결혼하려 한다. 이것을 자신에 대한 배신으로 여긴 히스클리프는 집을 나간다.

몇 년 뒤 히스클리프는 부자이자, 복수의 화신이 되어 돌아온다. 그의 복수의 대상은 자신을 배신한 캐서린, 자기를 학대했던 힌들리, 그리고 캐서린을 빼앗아 간 에드거였다. 먼저 도박과 음주에 빠진 힌들리의 재산을 모두 빼앗고, 그의 아들 헤어튼을 머슴처럼 부리며 학대한다. 자기가 당한 대로 갚아 줌으로써 힌들리에게 복수한다. 그는 에드거의 여동생 이사벨라를 유혹해 결혼한 다음 차갑게 대한다.

이렇게 에드거에게 복수한 것이다. 캐서린이 죽기 전 그에게 사실을 고백하며 둘 사이의 오해는 풀리지만, 히스클리프는 복수를 멈추지 않는다. 그는 에드거와 캐서린 사이에 태어난 딸과 자기 아들을 억지로 결혼시켜 린튼가의 재산을 차지하려고 하지만, 아들이 요절하고 자신도 죽음을 맞이한다.

히스클리프는 상대에 대한 소유욕과 배신에 대한 복수심으로 상대와 주변 사람들의 삶을 망친다. 심지어 자기 원한을 대물림해 자식들까지도 정상적인 삶을 살지 못하게 한다. 자기 욕망을 채우기 위해, 자기 마음의 상처를 보상받기 위해 타인을 통제하고 지배하려는 나르시시스트의 모습이다.

내가 배신당해서, 소중한 내 감정이 상했기 때문에 당연히 복수를 하여 상대에게 아픔을 줘야 한다는 이런 감정은 유치하다. 문제는 이런 유치한 감정이 사랑이라는 가면을 쓰고 드러난다는 것이다.

아테네 시민들을 사랑해서
소크라테스가 했던 행동

"상대의 겉모습에만 빠진 사람은 농장을 빌린 사람과 같지. 그
사람의 목적은 농장의 가치를 높이는 것이 아니라 되도록 많
이 수확하는 것이라네."

크세노폰, 《향연》

소크라테스는 사랑을 상대의 가치를 높여 주는 것이라고 말했
다. 상대의 아름다움에만 매혹된 사람은 그 아름다움을 소유함으
로써 자기의 목적을 이루고 욕심을 채우려고만 한다. 마치 땅을
빌려서 그 땅에서 최대한 많은 수확물을 챙기려고 하는 사람과
같다.

하지만 땅의 진짜 주인은 다르게 생각하고 행동한다. 농작물의
수확에만 집중하면 지력(地力)이 높아지지 않는다. 한두 해는 수
확을 잘 할 수 있을지 몰라도 지력이 떨어지면 더 이상 농작물을
수확할 수 없는 때가 온다. 땅의 가치를 생각하면서 농사를 지어
야 더 오랫동안 농작물을 얻을 수 있다. 당장 내가 얻는 것만 생
각하는 것이 아니라 땅의 상태, 땅의 가치도 생각하는 것이 현명
하다. 칼 융은 이렇게 말했다.

"두 사람의 만남은 두 종류의 화학 물질의 접촉과 같다. 반응이

일어나면, 양쪽 모두 완전히 변한다."

　마찬가지로 다른 사람과의 사랑에서도 주인의 마음을 가져야 한다. 주인으로서 그 사람을 지배하라는 것이 아니라, 진정으로 상대를 위하는 마음을 가져야 한다는 말이다. 정말 사랑한다면 내가 원하는 대로 상대를 바꾸거나 맞추려 하지 말고 그 사람의 고유한 가치를 높여 주도록 해야 한다.

　다른 사람의 가치를 높이려 하지 않는 사랑은 사랑이 아니다. 상대를 통해 자기의 욕심만을 채우는 것이다. 어떤 욕심일까? 아름다운 그 사람에게 관심받고 싶은 욕심, 상대에게 무한정 칭찬받고 싶은 욕심, 외로움을 벗어나고자 하는 욕심, 성적인 욕구 같은 것이다. 상대가 자기만을 위한 존재라고 여기는 것은 나르시시스트의 찌질함이지 사랑이 아니다.

　　"나는 누군가를 사랑하지 않았던 순간을 한순간도 기억할 수
　　없습니다."

　　　　　　　　　　　　　　　　　　　　　크세노폰,《향연》

　어떻게 하면 자기의 욕심만 차리지 않고 사랑하는 상대의 가치를 높여 줄 수 있을까? 소크라테스가 선택한 방법은 질문을 통한 화학 작용이다. 소크라테스는 아테네 시민 전체와 사랑에 빠진 사람이었다. 시인, 장인, 정치가, 무두장이, 매춘부, 노인, 청년, 노예 등 그는 사랑하는 상대, 대화를 나누는 상대를 가리지 않았다. 그는 항상 사람들이 좀 더 도덕적으로 탁월한 사람이 되도록 도울 방법을 고민했다. 이것이야말로 자신을 지혜롭다고 한 신이 자신에게 부여한 평생의 사명이라고 믿었다.

소크라테스는 대화를 통해, 상대방은 자신을 통해서 그들 자신을 더 잘 알고, 자기는 상대방의 눈으로 자신을 더 잘 볼 수 있게 될 것이라고 믿었다. 그래서 그는 쉬지 않고 질문했다. 가만히 있지 않고 주변 사람들과 화학 작용을 하면서 그들과의 사랑 속에서 모두가 완전해질 수 있다고 여겼다. 소크라테스는 서로의 가치를 높여 주는 사랑의 힘을 믿었다. 그는 다른 사람과의 관계에서 자기완성을 추구했다.

자신의 사랑을 돌아보라. 마흔이 되어서도 여전히 이기적인 사랑을 하고 있는가? 사랑하는 상대방을 자신의 욕심을 채우는 데 사용하고 있는가? 아직도 조건을 따지고 있는가? 그렇다면 당신은 아직 진짜 사랑을 제대로 시작해 보지도 않은 것이다.

사랑을 받지만 말고, 사랑하라.
상대의 가치를 높여 줄 수 있는 사랑을 하라.

14

천천히 시작하여 끝까지 유지되는 것이 우정이다

| 우정 |

> "사람은 본능적으로
> 서로 친구가 되려 한다네."
>
> 크세노폰, 《소크라테스 회상록》

친구란 어떤 존재일까? 어릴 적에는 같은 경험을 공유하는 주변 사람들과 자연스럽게 친해지면서 친구라고 생각했다. 유치원, 초등학교, 중학교, 고등학교, 대학교, 군대 등. 시간을 함께 보내는 주변 사람들이 친구가 됐다.

어릴 적 우리 집은 이사를 자주 다닌 편이라 고등학교 이전에 만났던 친구들은 거의 연락이 닿지 않는다. 고등학교 이후 만난 친구들은 지금도 연락하고 지낸다. 하루는 문득 한 고등학교 때 친구가 생각나 오랜만에 전화했다. 생일에 메신저로 안부 정도 전하다가 통화를 한 것은 몇 년 만이었다. 자기 철학이 확고하고 단단한 친구였기에 잘 지내고 있으리라고 생각했다.

하지만 나의 기대와는 달리 그 친구는 인간관계로, 경제적으로, 업무적으로도 힘든 상황이었다. 몇 년간의 소식을 10여 분 동안 압축해서 듣다 보니 모든 상황을 정확히 이해하기는 힘들었다. 특별히 위로의 말을 건네기도 쉽지 않았다. 그런데 친구는 자기 상황을 들어주는 것만으로도 의지가 된다고 말했다.

여러 유형의 인간관계를 통해서 우리가 얻을 수 있는 것은 대상에 따라 다르다. 각자의 상황에 따라 다르겠지만 함께 사는 가족에게서는 심리적인 안정감과 사랑을, 부모님에게서는 든든한 지지를, 함께 일하는 사람들에게서는 능력을 인정받는 기쁨, 일상에서 커피 한 잔 함께하는 소소한 기쁨을 나눌 수 있을 것이다. 오랫동안 서로에 대해 잘 알고 지내 온 친구에게서는 나를 제대로 알아준다는 위로를 얻을 수 있지 않을까?

마흔의 친구 관계는 이전과 같지 않다. 보통 일과 가정에 많은 관심을 기울이며 대부분 시간을 보낸다. 그렇기에 예전처럼 친구들을 만나 함께 재미있는 것을 즐기거나, 낄낄거리며 시간을 보내기는 쉽지 않다.

하지만 오랜만에 전화하더라도 어제 만났다 헤어진 것처럼 친밀하게 대화를 나눌 수 있는 마음 편한 상대가 친구가 아닐까? 마흔의 나이에는 결정적인 순간에 서로 의지할 수 있는 진짜 친구가 필요하다. 때때로 친구에게 가족에게서도 얻지 못할 그 무엇을 얻을 수 있다.

소크라테스는 친구를, 우정을 무엇이라고 생각했을까? 소크라테스는 우정을 가꿔 나가기 위해 어떻게 해야 한다고 말했을까? 소크라테스가 생각하는 친구와 우정에 대해 정리해 봤다.

어떤 상황에서든
친구 곁을 지켰던 크리톤

"사람들은 재산은 지키려고 노력하면서 어떻게 새 친구를 사귀고 옛 친구를 지킬 것인지는 생각조차 하지 않는다네."

크세노폰, 《소크라테스 회상록》

소크라테스가 감옥에 갇혀 있을 때 그의 곁을 끝까지 가장 충실하게 지킨 이는 친구 크리톤이었다. 크리톤은 소크라테스를 위해 기꺼이 벌금을 내 주려고도 하고, 소크라테스가 감옥에 갇혔을 때 항상 그의 옆에 있었다. 친구의 목숨을 살리기 위해 탈옥하여 다른 도시로 망명하도록 설득하기도 했다.

뒤에 '정의'에 관한 부분에서 《크리톤》의 내용을 자세히 소개하겠지만, 그의 시도는 실패한다. 하지만 친구를 살리려는 그의 노력은 가족 못지않았다. 소크라테스는 좋은 친구가 다른 재산과 달리 다양하게 쓸모 있다고 봤다. 소크라테스가 말한 좋은 친구의 특징은 다음과 같다.

- 필요할 때 도움을 줄 준비가 돼 있다.
- 누군가에게 호의를 베풀어야 할 때 지원을 아끼지 않는다.
- 친구가 위험에 빠질 것 같으면 도움을 준다.
- 친구에게 돈이 필요할 때 비용을 분담하여 지원한다.
- 친구를 위해 함께 누군가를 설득하는 행동을 한다.
- 성공한 친구의 기운을 북돋고, 실패한 친구가 다시 일어날 수 있게 도움을 준다.

재산은 언제든 사라질 수 있다. 쓰임새도 한정돼 있다. 하지만 좋은 친구는 언제든 찾으면 이익을 따지지 않고 달려오는 든든한 아군이 될 수 있다. 마음속 고민을 전문가에게 털어놓고 상담을 받으려면 시간당 얼마의 돈을 내야 한다. 그러나 친구에게는 아무런 대가를 주지 않고도 대화를 나눌 수 있다. 갑자기 부모님이 돌아가셨을 때 얼마나 막막할 것인가? 좋은 친구는 만사를 제치고 달려와 곁에서 도움을 줄 수 있다. 친구 사이는 언제든 대가 없이 도움을 주고받을 수 있는 관계다. 그러니 가장 큰 재산이라고 할 수 있다.

> "시기하는 자들은 이웃이 살찔수록 살이 빠지는 법이지."
>
> 플라톤, 《파이돈》

> "많은 사람이 남이 어렵고 불운할 때는 도와주지만 성공하면 괴로워한다네."
>
> 크세노폰, 《소크라테스 회상록》

'결혼식에는 안 가도 장례식에는 꼭 가야 한다'는 말이 있다. 결혼식 같은 좋은 일에는 내가 굳이 축하해 주지 않아도 당사자들이 충분히 행복할 수 있을 것이다. 굳이 안 가도 될 것 같다. 반면 장례식에는 한 사람 한 사람의 위로가 큰 힘이 된다. 축하보다는 위로가 기억에 더 남는 법이니 이런 말이 생기지 않았을까 생각해 본다.

그런데 나는 이 말을 들을 때마다 다른 관점으로 생각해 보곤 한다. 다른 사람이 '잘되는 것은 진심으로 축하해 주기는 힘들지만, 불행을 보면 도움을 주는 건 쉬워서 그런 게 아닐까' 하고 말이

진정한 친구는 당신이 얼마나 성공하든
얼마나 실패하든 항상 당신 곁에 있다.

다. 좀 삐딱한 시선일지는 모르겠다. 하지만 소크라테스도 사람들
이 남이 어려울 때는 쉽게 도와주지만, 성공하면 괴로워한다고 한
것을 보면 내가 완전히 틀린 생각을 하는 건 아닌 것 같다.

친구 중에서도 나의 성공과 행복을 진심으로 기뻐해 주는 친구
가 있는가 하면 겉으로는 축하한다고 하면서 속으로는 질투하는
친구도 있다. 주변에 시기, 질투하는 친구가 있다면 그 친구와는
거리를 두는 것이 현명하다.

노인이 젊은이와
친구가 될 수 있었던 이유

"좋은 친구는 배신당하지 않는다네."

크세노폰, 《소크라테스 회상록》

소크라테스의 제자 중 한 사람이 가난한 친구를 무시했다. 그
사실을 안 소크라테스가 훗날 견유학파를 이끌게 되는 제자 안티
스테네스와 대화하면서 넌지시 가르침을 줬다.

소크라테스: 노예에게 값이 있듯이 친구에게도 값이 있을까?

안티스테네스: 물론입니다.

소크라테스: 그렇다면 자신이 친구에게 어느 정도 가치인지 자

문해 보게. 그리고 친구가 우리를 배신하고 싶지
않도록 최대한 가치 있는 존재가 되려고 노력하는
것이 좋겠지.

'배신'은 서로 간의 믿음이나 의리를 등지는 것이다. 사람은 언
제 상대를 버릴까? 여러 가지 미사여구를 제외하고 그 본질을 생
각해 보면 '가치, 쓸모가 없을 때'다. 여기서 말하는 '쓸모'는 단순
히 돈이 많고 적음만을 말하는 것이 아니다.

상대에게 자기 고민을 털어놓으며 위로받고 싶은데 바쁘다고
상대해 주지 않거나, 건성으로 들으며 대화하는 내내 시간만 쳐다
본다면 다음에는 그 사람을 만나고 싶지 않을 것이다. 쓸모가 없
어졌기 때문이다.

혹은 자기는 절친이라고 생각하면서 간이며 쓸개며 다 빼줄 것
처럼 살갑게 대해 줬는데 상대방은 자기가 하는 것처럼 친밀하게
대해 주지 않는다면 어떤 마음일까? 서운해하면서 거리를 둘 것이
다. 친밀감을 느끼게 해 줬으면 좋겠다는 욕구를 채워 주지 못했
기 때문에 쓸모가 없어졌기 때문에 멀어지는 것이다.

돈을 잘 벌고 다정한 아버지는 가족에게 환영받는다. 하지만
무능력하고 허구한 날 술 마시고 집에 들어와서 소리 지르는 아
버지는 환영받지 못한다. 가족이 아버지에게 기대하는 것, 아버
지의 쓸모는 가족을 잘 부양하고 다정하게 가족을 보살피는 것이

기 때문이다. 그 기대가 충족되지 않고 좌절이 반복된다면? 가족들은 아버지를 떠나간다.

　전국시대 제나라에 맹상군은 당시 인재들을 잘 대우하는 것으로 이름 높았다. 그가 3,000명 식객을 거느렸다는 말도 있다. 그는 개 짖는 소리를 잘 내는 도둑과 닭 우는 소리를 잘 내는 별것 아닌 재주를 가진 사람까지도 식객으로 맞아 교류했다. 그런 사람들의 도움으로 진나라에 갔다가 죽을 뻔한 위기를 벗어나기도 했다.

　그렇게 목숨을 걸고 도움을 주던 식객들이 하루아침에 맹상군을 떠나갔다. 그가 재상의 지위를 잃었기 때문이었다. 이때 그의 곁을 지킨 사람은 단 한 명이었다. 얼마 뒤 맹상군이 다시 권력을 쥐자 떠나갔던 사람들이 다시 모여들었다. 맹상군의 첫 반응은 어땠을까? 그는 분노하며 다시 자기를 찾아온 사람들에게 모욕을 주려고 했다.

　이때 모두가 떠나갈 때 그를 지킨 선비가 그것이 사람의 본성이라며 말렸다. 사람들이 다른 사람을 따를 때는 무엇이 되었든 자기가 얻을 만한 것이 있기 때문이다. 더 이상 얻을 게 없다면 떠나는 게 인지상정이다. 이런 깨달음을 준 선비에게 맹상군은 절을 올리고 다시 찾아온 식객들을 반갑게 맞이했다.

　식객들의 입장에서 권력과 부를 잃은 맹상군은 쓸모가 없었다. 더 이상 그를 따를 이유가 없었다. 애초에 그를 따른 이유가 권력과 부를 얻기 위함이었기 때문이다. 이런 인간의 본성을 꿰뚫어 봐야 한다.

소크라테스도 이런 인간의 본성을 정확하게 이해하고 있었다. 내가 상대에게 가치가 없다면 상대는 나를 떠나간다. 슬프지만 어쩌겠는가? 그것이 인간의 속성인 것을. 이런 속성은 비난하지 말고 정확하게 이해해야 현명하게 처신할 수 있다.

> "죽기 전에 단 한 사람이라도 좋으니, 진심으로 믿을 수 있는 친구가 있었으면 하고 바랐다네."
>
> 나쓰메 소세키, 《마음》

나쓰메 소세키의 소설 《마음》에서 '선생님'이라는 인물이 하는 말이다. 진심으로 믿고 싶다는 것도 다른 기대에 비해 조금 고상할 뿐이지, 결국은 상대방에게서 얻고 싶은 가치다. 소설 속에서 선생님은 평생 믿음을 줄 수 있는 상대를 원하는데 그것이 만족되지 않기 때문에 우정을 나눌 사람을 곁에 두지 못한다.

우정을 나누고 싶다면 친구가 나를 어떤 쓸모로 여기는지 파악해 봐야 한다. 그 쓸모가 충족되지 않으면 멀어진다. 어쩔 수 없다. 우리에게 기대하는 바는 친구마다 다르다. 어떤 친구는 심리적인 만족을, 누군가는 편한 술자리를, 다른 이는 비슷한 취미를 즐기기를 원할 것이다.

상대와의 우정을 유지하고 싶다면 그에 맞도록 나의 가치, 쓸모를 높여야 한다. 만약 친구가 나에게 원하는 바가 마음에 들지 않는다면 어설프게 이리저리 끌려 다니지 말고 손절하는 것이 현명하다.

"자네가 훌륭한 인물이 되도록 노력하게. 그리고 나면 진실로
훌륭한 사람들을 붙잡도록 하게나."

크세노폰, 《소크라테스 회상록》

소크라테스가 말한 쓸모, 가치 중에서 가장 좋은 것은 훌륭한 인격일 것이다. 소크라테스의 자신의 무지를 깨닫고 탁월함을 추구하는 삶, 살 만한 가치가 있는 삶을 지향하는 인생은 주변 친구들에게 영감을 줬다.

소크라테스에게 우정은 함께 지혜를 얻기 위해 대화하는 여정이었다. 그는 평생 친구들과 함께 진리를 찾는 것을 즐겼다. 그에게 친구의 나이는 상관없었다. 그의 주변에는 그와 동년배인 크리톤도 있었지만, 대부분은 젊은이들이었다.

무지의 지를 깨우쳐 주는 훌륭한 인물 소크라테스 곁에 진정한 앎을 추구하는 젊은이들이 모여들었다. 소크라테스는 제자들에게도 스스로 먼저 훌륭한 인물이 되어 주변에 모여드는 훌륭한 사람

들을 친구로 삼으라고 했다.

德不孤 必有隣 (덕불고 필유린)

덕 있는 사람은 외롭지 않다. 반드시 친구가 있다.

공자, 《논어》

공자도 스스로 먼저 덕 있는 사람이 되면 우정을 나눌 친구가 없음을 걱정하지 말라고 했다. '유유상종'이라는 말이 있듯이 훌륭한 사람에게는 그와 마음을 함께하는 사람이 따르게 마련이다.

**좋은 사람 곁에는
좋은 사람들만 남는다.**

15

당신의 결점을 말해 주는 사람과 가까이하라

| 성장 |

"저에게 최고로 훌륭한 인간이 되는 것만큼
중요한 일은 없습니다. 소크라테스 선생님이 아닌 그 누구도
저를 그 목표에 도달하게 할 수 없습니다."

플라톤, 《향연》

"우리는 삶의 다음 단계에서 더 이상 부부로서 함께 성장할 수 있다고 생각하지 않는다."

2021년 5월 마이크로소프트 창업자 빌 게이츠와 아내 멜린다

게이츠가 이혼을 발표했다. 1987년부터 〈포브스〉 선정 세계 최고 부자 명단에 빠지지 않고 높은 순위를 기록하고 있는 빌 게이츠의 이혼은 전 세계의 이목을 집중시켰다.

빌 게이츠의 외도와 성범죄 이력이 있는 지인과의 친분을 유지한 사실이 이혼의 원인으로 알려졌다. 호사가들이 좋아할 법한 이혼 사유보다 오히려 빌 게이츠가 자신의 SNS에 올린 두 사람의 공동 입장문 속 이혼 사유가 더 마음에 와닿았다.

지금까지는 함께 잘 성장해 왔지만, 'Next Phase'. 다음 단계에서는 함께하지 않는 것이 좋겠다는 판단이었다. 'Phase'는 '단계'를 뜻하는 말이다. 우리의 성장은 우상향 직선으로 되지 않는다. 한 단계를 지나 질적 도약을 해 다음 단계에 이른다. 마치 누에가 고치를 만들고 번데기 단계를 거쳐 누에나방이 되듯 이전과는 다른 단계로 새로운 문을 열고 들어간다.

빌 게이츠와 그의 아내는 27년을 함께했다. 세 명의 자녀를 키워 냈고, '빌&멜린다 게이츠 재단'도 만들어서 함께 꾸려 왔다. 그들은 27년간의 관계를 통해 성장했지만, 이제는 헤어질 때가 된 것이 아닐까? SNS에 게시한 그들의 이혼 사유가 사실이든, 보기 좋게 꾸며 낸 것이든, 그 내용 자체에는 공감이 간다. 서로 성장하는 관계가 아니라면 더 이상 관계를 유지할 필요가 있을까?

지금까지 살아온 삶을 생각해 보라. 당신의 삶에서 좋든 나쁘든 당신에게 강렬한 영향을 끼친 누군가가 갑자기 사라져 버린 경험이 있을 것이다. 내 마음을 흔들었던 사람, 가스라이팅하거나 나를 괴롭혔던 사람, 큰 가르침을 줬던 사람, 질투심을 불러일으킨 사람, 서로 없으면 죽고 못 사는 친구 등.

몇 개월 혹은 몇 년 특정한 시기에 내 삶에 나타나 많은 자극을 주는 사람들이 꼭 있다. 그 사람 때문에 스트레스를 받아서 몸이 아팠거나, 그리워서 잠 못 이루거나 했던 그런 사람들 말이다. 그런데 어느 순간 그들이 내 삶이라는 무대에서 거짓말처럼 없어진다. 마치 연극 무대에서 장면이 바뀌면 배우가 퇴장해 버리는 것처럼 말이다.

왜 그럴까? 겉으로 보기에는 그 사람이 이사하거나 근무지가 바뀌거나 군대에 가는 등 합리적인 사유이긴 하지만 그런 일은 신기하게도 종종 짧은 시간에 갑자기 일어난다. 나는 특정 인물의 갑작스러운 퇴장은 '이미 그 관계를 통해 배워야 할 것을 배웠기 때문'이라고 생각한다.

사랑에 열병을 앓았다면 그 사랑을 통해 자신을 돌아보고 사람을 사랑할 때 어떻게 해야 할지 깨달았을 것이다. 가스라이팅당하면서 이리저리 휘둘려 봤다면, 앞으로 남에게 의존하지 않고, 이용당하지 않기 위해 어떻게 해야 할지 고민했을 것이다.

배울 것이 많은 사람을 통해서는 삶을 더 올바르고 풍요롭게 살아갈 수 있는 마음가짐과 태도를 배웠을 것이다. 누군가를 질투하면서 좁아터진 자기 마음을 들여다볼 수 있었을 것이다. 가깝던 사이가 멀어지는 경험을 통해 관계를 돌보려고 노력하지 않으면 언제든 멀어질 수 있음을 알았을 것이다.

우리는 관계를 통해 성장한다. 가족 같이 완전히 떼어 낼 수 없는 관계가 아니라면 배울 것을 다 배운 관계는 자연스럽게 정리된다. 신기하게 그렇다.

첫 비행 전날
선배의 조언

1926년, 26세의 햇병아리 신참 조종사가 라테코에르 항공사에 입사했다. 그는 어릴 때부터 어머니의 눈을 피해 몰래 비행기에 올라탈 정도로 비행에 열정적이었다. 그는 군에서 조종사 자격증을 딴 뒤 두개골이 부서지는 큰 사고를 당하고도 비행의 꿈을 버리지 않았고 결국 민간 항공사에 입사했다.

그의 이름은 생텍쥐페리. 우리가 아는 《어린 왕자》의 작가 생텍쥐페리다. 생텍쥐페리는 작가로 알려졌지만, 그의 본업은 비행사였다. 그는 최초로 야간 비행을 시도했고 세 번의 비행기 추락 사고에도 살아남았다.

한번은 비행기가 리비아 사막에 추락해 정비사와 사막을 헤매기도 했다. 다행히 지나가던 베두인 상인들을 만나 목숨을 건질 수 있었지만, 그의 비행은 항상 위험과 함께했다.

당시 비행기는 조악했다. 안개가 끼거나 날이 흐리면 비행기의 덮개를 열고 조종사가 직접 육안으로 상황을 확인해 가며 비행기를 조종해야 했다. 그렇게 한 번 덮개를 열면 귓가를 때리는 바람 때문에 한동안 귀가 먹먹해졌다. 비행기 엔진은 원인 모를 고장으로 갑자기 화염에 휩싸여 폭발하기 일쑤였다. 그런 일을 당하면 다른 길이 없었다. 추락하는 수밖에.

생텍쥐페리는 라테코에르 항공사에서 프랑스 툴루즈와 세네갈 다카르 간 비행사로 근무했다. 툴루즈에서 다카르로 가려면 반드시 스페인을 거쳐야 한다. 그는 스페인의 알리칸테와 지중해를 지나 카사블랑카, 툴루즈까지 이어지는 비행을 맡았다. 아프리카에 들어서면 주로 사막이기 때문에 지형을 크게 걱정할 필요가 없었다. 하지만 스페인은 달랐다. 곳곳에 험준한 산이 있었고 그 산들이 안개 속에서 갑자기 모습을 드러냈기 때문이다.

수습 기간이 끝나고 처녀비행 전날 생텍쥐페리는 흥분과 동시에 긴장감을 느꼈다. 가끔 비행을 갔다가 다시 돌아오지 못하는 선배들을 보면서 내일 지나야 할 항로의 특이점을 다시 한번 검토해야겠다고 생각했다. 그래서 그는 동료 앙리 기요메를 찾아갔다. 기요메는 이미 그 항로를 몇 번 비행한 경험이 있었기 때문에 주의할 점을 잘 알려 줄 수 있을 것이라 믿었다.

"다른 사람들이 해낸 것은 언제든지 나도 할 수 있다고 생각해."

생텍쥐페리,《인간의 대지》

기요메는 불안해하는 생텍쥐페리에게 자신감을 북돋워 줬다. 그리고 스페인에 대해 묘한 지리학 강의를 시작했다. 보통은 '산맥이 어떻고, 도시는 어디 있고 수리적으로 스페인이라는 나라는 어떤지' 이야기할 것이다. 그런데 기요메는 뭔가 달랐다. 그가 말해 준 것은 정통 지리학, 수리학과는 동떨어진 것이었다.

- 들판 가장자리에 서 있는 세 그루의 오렌지 나무.
- 부부가 살고 있는 소박한 농가.
- 풀숲 아래 잘 보이지 않게 감춰진 개천.
- 풀밭에 풀어져 있는 30마리의 양.

앙리 기요메는 생텍쥐페리에게 스페인의 풍경 속 동화적이고 인간적인 진짜 풍경을 알려 줬다. 안전한 비행을 위해 꼭 필요한 지식은 아니었다. 하지만 비행을 즐기기 위해서는 필요한 것들이었다. 기요메의 강의를 듣고 작성한 생텍쥐페리의 지도 속 스페인은 높고 험준한 산맥과 두려움의 나라가 아니었다. 오히려 점점 가 보고 싶은 기대감을 불러일으키는 동화의 나라가 되었다.

앙리 기요메는 친구에게 새로운 관점을 선물해 줬다. 생텍쥐페리의 비행을 두려움이 아닌 설렘으로 바꾸어 줬다. 보통 사람들은 이런 이상한 지리학 강의를 듣는다면 무슨 헛소리냐며 진짜 중요한 산들의 위치를 알려 달라고 했을지도 모르겠다.

하지만 생텍쥐페리는 기요메의 관점을 이해할 수 있었다. 그들은 세상을 어린 왕자처럼 바라봤기 때문에 평생 친구가 될 수 있었다. 생텍쥐페리가 새로운 관점을 배울 준비가 됐을 때 앙리 기요메라는 친구가 곁에 있었다.

인간은 성장할 때
살아 있음을 느낀다

"우리가 알고 있는 것이 맞지 않을 수도 있다네."

"과연 자네는 미덕(정의, 아름다움, 용기, 절제 등)에 대해서 알고 있는가? 검증해 봤는가?"

"죽음이 꼭 나쁜 것만은 아니라네."

소크라테스는 동료 시민들에게 이러한 질문을 통해 새로운 관점을 선물해 줬다. 세상을 바라보는 그의 관점과 태도의 가치를 알아본 사람들은 그와 기꺼이 친구가 됐다. 하지만 그렇지 않은 사람들은 그를 비난했다. 아마 생텍쥐페리 같은 어린 왕자의 마음을 갖지 못한 사람들은 아마 앙리 기요메의 방식을 이해하지 못하고 비난하지 않았을까?

소크라테스는 특정한 지식을 가르치지 않았다. '정의란 무엇이다'라는 식으로 답을 정해 주지 않았다. 그는 다양한 관점으로 질문하면서 검증하는 삶의 태도를 본보기로 보여 줬다. 꼭 자기 방식으로 살라고 강요하지도 않았다. 그저 행동으로 보여 줬다.

> "저에게 소크라테스 선생님을 떠올리는 것은 늘 무엇보다 즐거운 일입니다."
>
> 플라톤, 《파이돈》

《파이돈》의 첫머리에서 파이돈은 소크라테스의 죽음을 전하면서 그를 떠올리는 것 자체가 즐거운 일이라고 말한다. 우리가 누군가를 떠올리며 미소 짓는 것은 그 사람을 진심으로 사랑하기 때문이다.

소크라테스를 마음으로 받아들인 사람들은 그를 진심으로 사랑했다. 왜 그랬을까? 우리는 언제 다른 사람을 진심으로 사랑할 수 있을까? 나에게 잘 대해 주거나 외적으로 매력적인 상대를 사랑할 수는 있지만, 그 사랑이 오래 유지되기는 힘들다. 우리가 진심으로 사랑하는 사람은 내가 살아 있음을 느끼게 해 주는 사람이다.

우리는 언제 진정으로 살아 있음을 느낄까? 생명의 본성을 생각해 보자. 생명의 본성은 확장과 번성이다. 식물은 어떻게든 자기의 영역을 넓히기 위해 노력한다. 민들레는 봄이 되면 어김없이 홀씨를 만들어 날리고, 담쟁이덩굴은 무엇이든 주변에 타고 올라갈 것이 있으면 감고 올라가며 쭉쭉 자란다.

내 경험을 이야기해 보면, 내가 사는 집에는 집 한편에 주차장이 있다. 차 한 대 정도 들어갈 만한 공간이 있어서 주차 공간으로 제격이다. 그런데 언젠가부터 구석에 작은 나무가 자라기 시작했다. 처음에는 손가락 정도 되는 크기여서 잡초인 줄 알았다.

그런데 자라는 모습이 심상치 않았다. 단단한 줄기가 생기더니 옆으로 가지를 뻗어 주차장 구석 공간을 다 잡아먹었다. 어지간하면 산 생명은 해롭게 하지 말자는 주의지만, '이건 안 되겠다' 싶어 톱을 꺼내 들었다.

도저히 단단하게 박힌 뿌리를 뽑을 수는 없을 것 같아서 밑동 조금만 남겨두고 싹 잘라 냈다. 나무에게 조금 미안한 마음도 들었지만, 자리를 잘못 잡은 탓에 어쩔 수 없었다. 그런데 계절이 한번 지나자 잘라낸 밑동에서 새순이 돋더니 다시 거대하게 자라났다. 또다시 톱 등장. 앞으로 이 녀석과는 정기적으로 드잡이질을 해야 할 것 같다.

생명은 성장이 본성이다. 사람도 성장하는 것을 즐거워한다.

우리가 가장 행복하고 즐거운 순간은 성장할 때다. 살아 있음을 느낀다. 인간의 진정한 성장은 정신의 성장이다. 가장 큰 정신의 성장은 관점이 변하는 것이다. 새로운 관점으로 세상을 바라본다는 것은 새로 태어나는 것과도 같다.

우리를 낳아 주고 길러 주신 부모님을 사랑하듯이 우리는 정신을 성장하게 해 주는 진정한 멘토, 스승을 사랑할 수밖에 없다. 꼭 스승이라는 이름을 붙이지 않더라도 우리를 성장하게 해 주는 사람은 많이 있다.

소크라테스는 진심으로 주변 사람들의 성장을 바랐고, 세속적인 자기 삶을 돌보지 않고 한 사람 한 사람 만나고 다녔다. 그를 통해 무지의 지를 깨닫고, 삶의 관점을 바꿀 수 있었던 사람들이 어떻게 소크라테스를 사랑하지 않을 수 있었겠는가?

"인간은 모든 것의 척도다."

유명한 소피스트이자 상대주의자였던 프로타고라스는 절대적인 진리는 없으며, 인간 각자가 기준이라는 말을 했다. 100만 명의 사람이 있으면 100만 명의 척도가 있다는 것이다.

반면에 소크라테스는 다르게 생각했다. 그들 각자가 올바른 인간이 아니라면 폴리스 공동체가 위험해질 수 있다고 봤다. 그에게는 그 인간들 사이의 관계, 인간과 세상과의 관계가 더 중요했다.

각 개인이 올바른 인간, 정의로운 인간, 탁월한 인간, 서로 성장을 돕는 인간이 되지 않으면 그들의 관계는 건강하지 않을 것이다.

> "자신도 더 훌륭해지고, 친구들도 더 훌륭하게 하는 것보다 더
> 큰 즐거움은 없다네."
>
> 크세노폰, 《소크라테스 회상록》

인간관계에 대한 소크라테스의 다음 말을 기억하자. 우리가 다른 사람과의 사이에서 지향해야 할 것은 성장과 발전이다. 관계는 성장을 위한 경험이다. 서로 성장하고 발전하지 않는 관계는 크게 의미가 없다.

성장을 항상 소크라테스처럼 고상하고, 최고의 탁월함만 추구하는 것이라고 생각하지는 말자. 조금 기준을 낮춰도 좋다. 같은 취미를 갖고 어울리는 것도 나쁘지 않다. 그런 관계는 인생의 '여유'라는 멋진 가치를 함께 나누며 성장하는 것이다.

**성장하는 삶만큼
가치 있는 것은 없다.**

16

스스로에게는 엄격해도
타인에게는 관대하라

| 포용 |

"나는 비난받은 기억이 없다."

디오게네스 라에르티오스, 《고대 그리스 철학자의 생활과 의견 및 저작 목록》

'농지가 불타는 데 싸우지 않고 성에서 버티라고 하는 것은 비겁하다.'

'아테네를 적에게 팔아먹으려 한다.'

'우리 손으로 뽑은 장군이 우리를 성안에 가둬 놓고 싸우지 못하게 한다.'

소크라테스가 38세가 되던 해에 펠로폰네소스 전쟁이 시작됐다. 전쟁 초기에 스파르타의 왕 아르키다모스는 우세한 육군을 앞세워 아테네를 공격했다.

이 시기 아테네의 지도자는 페리클레스였다. 《손자병법》의 '知彼知己 百戰不殆(지피지기 백전불태)', 즉 '적을 알고 나를 알면 백번 싸워도 위태롭지 않다'라는 말처럼 페리클레스는 적과 아군의 허와 실을 정확하게 알고 대응했다. 그는 스파르타의 동맹군이 지상전에는 강하지만, 장기전과 해전에는 약하다는 점, 아테네는 육군보다 해군이 우위에 있다는 점을 정확히 알고 있었다.

페리클레스는 아테네 성 밖에 거주하는 시민들을 모두 성안으로 불러들이고 스파르타와의 정면 승부를 피했다. 대신에 해군을 활용해 후방에서 펠로폰네소스 동맹군에게 타격을 주었다. 영리한 작전이었다. 하지만 성안으로 피신한 아테네인들은 도시 외곽에 있는 그들의 재산이 적군에게 불태워지는 것을 보면서 분노했다. 그들은 인내심을 잃고 하나둘 페리클레스를 비난하기 시작했다.

페리클레스가 누구인가? '페리클레스 시대'라는 말이 있을 정도로 그가 이끌었던 시기 아테네는 전성기를 구가했다. 그는 뛰어난 연설 능력으로 아테네인들의 마음을 사로잡았고, 본질을 꿰뚫는 탁월한 식견으로 아테네의 번영을 이끌었다. 그의 시대에 아테네의 민주주의가 꽃피었고 국력은 향상했다. 그는 전쟁을 피하고 내치에 힘썼다.

특히 아테네의 자부심을 드러내는 문화, 예술, 건축 분야에도 힘을 쏟았는데 그 유명한 파르테논 신전을 비롯한 아크로폴리스는 그가 통치하던 시대에 만들어졌다. 철학자 아낙사고라스, 문인 소포클레스, 조각가 페이디아스 등은 모두 페리클레스 시대에 활동했다.

아테네인들은 페리클레스를 무려 32년간 스트라테고스(장군)로 선출했다. 그만큼 그를 신뢰했기 때문이다. 그는 사실상 왕이나 다름없는 명성과 지위를 누렸다. 시민들은 그를 사랑했다. 때로는 그의 독설에 부끄러워하기도 하고, 전사자에 대한 추모 연설에 눈물 흘리기도 했다. 그랬던 아테네 시민들이 장군에게 불만을 품고 비난하기 시작했다. 페리클레스는 어떤 반응을 보였을까?

> "그는 온갖 야유와 조롱을 견뎠다. 자신을 비방하는 노래가 거리를 메우는 것을 듣고도 묵묵히 참았다. 자신의 믿음에 따라 외로운 길을 가고 있었다."
>
> 플루타르코스, 《영웅전》

그는 어떤 반응도 보이지 않았다. 그는 시민들이 아무리 분노하고 자신을 비난하더라도 수적으로 우세한 펠로폰네소스 동맹군과 육지에서 싸우려 하지 않았다. 그는 자기를 둘러싼 모든 사람이 분노하며 자신을 비난할 때 분노하지 않았다.

결과적으로 페리클레스의 인내는 빛을 봤을까? 성안에 모여 있던 아테네인들 사이에 전염병이 돌았다. 수많은 이가 속수무책으로 쓰러졌다. 아테네인들은 모든 잘못을 페리클레스에게 돌리고 그의 지휘권을 박탈하고 심지어 벌금까지 물렸다. 하지만 그를 대신할 지도자는 없었다. 아테네인들은 그에게 진심으로 사과하며 다시 지휘권을 줬지만, 페리클레스는 얼마 뒤 전염병에 걸려 세상을 떠났다.

그의 사후 아테네의 지도자들은 우왕좌왕하며 현명한 결정을 내리지 못했고, 결국 아테네는 몰락했다. 펠로폰네소스 전쟁에서 아테네의 패배는 역설적으로 페리클레스가 옳았음을 증명했다.

머리카락을
쥐어뜯긴 철학자

"사람들은 주먹으로 소크라테스를 때리고 그의 머리카락을 뜯어냈다."

디오게네스 라에르티오스, 《고대 그리스 철학자의 생활과 의견 및 저작 목록》

페리클레스만큼 아테네인들에게 많은 비난을 받은 사람이 소크라테스였다. 그의 전기가오리 공격에 분노한 이들은 그를 때리고 심지어 머리채를 붙잡았다.

평생 살면서 머리채를 붙잡혀 쥐어뜯기는 경험을 해 본 사람이 얼마나 될까? 상상해 보면 화가 나지 않을 수 없을 것 같다. 하지만 소크라테스는 상대방의 비난과 분노에 흔들리지 않았다. 마치 페리클레스처럼.

당신에게 자녀가 있는 경우라면 아이들이 아주 어릴 때를 떠올려 보자. 만약 자녀가 없다면 자신이 아주 어렸을 때 주변 사람들이 어떻게 자신을 대했을지 기억을 떠올리거나 상상해 보자.

이제 막 걸음마를 떼기 시작하는 아이를 보면 어떤가? 벽을 짚고 힘겹게 일어나 버티기만 해도 박수갈채를 보낸다. 거기에 한 걸음 내딛기라도 하면 부모는 세상을 다 가진 것처럼 기뻐한다. 또한 말을 하기 시작할 때 '엄마'나 '아빠'라는 아이의 말을 들으면 부모는 크게 감동한다. 어린 시절의 인간은 대부분 존재만으로도 축복받고 사랑받는다.

하지만 나이가 들어갈수록 우리는 서로에게 어떤 역할을 요구한다. 주변 사람들이 기대하는 역할을 잘 해내지 못하면 그들이 실망하는 표정을 보게 된다.

아이들이 지금까지 자신을 가장 사랑해 주고 믿어 주던 부모가 자기에게 실망스러운 눈빛을 보내는 그 첫 순간을 생각해 보라. 비극적이지 않은가? 세상이 무너지는 첫 경험이다. 제 역할을 해

내지 못할 때 실망이 쌓이다 보면 비난으로 이어진다. 비난 앞에 평정심을 유지하기는 힘들다.

인간은 서로 비난하고 비난받는다. 살다 보면 종종 비난받을 일이 생긴다. 여러 사람이 아니라도 단 한 사람에게만 비난받아도 마음에 상처를 받기 쉽다. 그런데 페리클레스나 소크라테스는 그런 비난을 어떻게 견뎌 냈을까? 나를 비난하는 사람들은 어떻게 어떻게 생각하고 관계를 맺어야 좋을까?

비난을 어떻게
받아들일 것인가

소크라테스는 평생 비난의 중심에 있었다. 그는 비난받기 분야 일인자다. 70년 평생을 비난과 조소 속에 살았다. 하지만 그 어떤 비난에도 소크라테스는 묵묵히 자기 일을 했다. 그는 어떻게 비난에 흔들리지 않고 살아갔을까? 소크라테스에게 비난을 기억하지 않고 포용하는 법을 배워 보자.

첫째, 모든 사람은 완벽하지 않다는 것을 깨달아라.

"사람들은 상대를 전적으로 진실하고 온전하며 믿을 만하다 고 여기다가 (실제로는) 그가 못돼 먹고 믿을 수 없다는 것을 발견하지. (이런 경험이 반복되면) 그들은 모두를 혐오하고 그 누구도 온전하지 않다고 생각하게 된다네. (…) 사실 아주 좋거나 나쁜 사람들은 소수이고, 그 중간은 엄청나게 많다네."

플라톤, 《파이돈》

사람들이 처음에 친해지면 상대에게 많은 기대를 하게 된다. 지금까지 다른 관계에서는 채워지지 못했던 자기의 욕구를 상대가 채워 줄 것이라고 착각한다. 인정과 칭찬받기, 항상 웃으면서 자신을 대해 주기 같은 취향과 취미를 공유하기를 기대한다. 하지만 그렇게 완전히 나만을 바라보는 맞춤형 인간은 세상에 존재하지 않는다.

또한 대부분 사람은 나쁘기만 하거나 아주 좋기만 한 경우는 거의 없다. 그 중간 어느 위치에 있다. 적당히 못돼 먹고 적당히 비열하며 적당히 이기적인 것이 인간이다. 이런 현실에 무지하면 상처받을 수 있다. 모든 사람은 완벽하지 않다. 완벽하지 않은 인간이 완벽하지 않은 나를 비난한다고 해서 그것에 일희일비하는 것은 어리석다.

"우리의 행동은 결코 이해받지 못한다. 항상 칭찬받거나 비난받을 뿐이다."

프리드리히 니체, 《즐거운 학문》

불완전한 인간들은 서로를 완벽하게 이해할 수 없다. 각자의 잣대에 따라 다른 사람을 칭찬하거나 비난한다. 사람들은 대부분 무지의 지의 깨달음을 얻지 못했다.

대신에 그들은 뭔가를 안다고 착각한다. 자기의 잣대가 옳다고 여기고 그것을 기준으로 남을 판단한다. 있는 그대로의 상대를 받아들이지 못하고 제멋대로 평가한다. 모든 사람이 완벽하지 않다는 사실을 알고 있다면, 남들의 비난에 흔들리지 않을 수 있다.

둘째, 나에게 의미 있는 비난을 할 수 있는 사람은 따로 있다.

"한 분야에 전문가가 되려는 사람은 자신이 하는 모든 것을 그 분야의 전문가가 인정할 때까지 무엇이든 참고 견딘다네. 다른 방법으로는 그 분야의 달인이 될 수 없다고 생각하기 때문이지."

크세노폰, 《소크라테스 회상록》

체육 선생님이 장래 희망이 가수인 중학생에게 '노래에 소질이 없다'고 평가한다면 그 중학생은 이 평가를 어떻게 받아들여야 할까? 선생님의 말씀이니 무조건 옳다고 생각하고 꿈을 접어야 할까? 아니다. 전문가에게 평가받는 것이 정확하다.

나를 잘 모르는 사람들, 나를 제대로 평가할 수 없는 사람들이

다른 사람의 칭찬과 비난에 흔들리지 마라.
자신의 가치를 외부에서 얻을 필요는 없다.

내리는 평가에는 어떻게 반응하면 좋을까? 그들의 평가가 무조건 다 틀리지는 않겠지만, 너무 마음에 담아 두지 않는 것이 좋다.

나를 정확하게 칭찬하고 비난할 수 있는 사람은 따로 있다. 내가 피드백을 받을 전문가는 스스로 정해야 한다. 불특정 다수 혹은 그 분야나 나를 알지 못하는 사람의 평가에는 귀 기울일 필요 없다. 다만 그런 평가를 해 주려는 마음만 고맙게 받으면 그만이다.

칭찬과 비난은 완전히 무시할 수도, 그것에만 흔들릴 수도 없다. 나에게 의미 있고 성장과 발전에 도움이 되는 의견을 줄 수 있는 사람이 누구인지는 스스로 판단해서 정해야 한다. 가족이라도 내가 하는 일에 정확한 의견을 줄 수는 없다.

셋째, 쓸데없는 비난은 잊어라.

"소크라테스는 '누가 당신에 대해 나쁘게 말하더군요'라고 전해주는 사람에게 '괜찮다네. 그는 말을 좋게 하는 법을 배우지 않았으니까'라고 대답했다. '누가 당신을 비난하지 않던가요?'라고 말한 사람에게는 '그렇지 않네, 나에게는 그런 기억이 없으니까'라고 말했다."

디오게네스 라에르티오스,《고대 그리스 철학자의 생활과 의견 및 저작 목록》

길을 걸어가는데 다섯 살 먹은 아이가 다가와서 당신을 발로 찬다면 어떻게 할 것인가? 화를 내면서 그대로 갚아 줄 것인가? 철모르는 아이가 하는 행동에는 분노할 것이 아니다. 오히려 아이를 타일러야 한다.

비난에 대해서도 마찬가지다. 비난할 수준과 자격이 있는 사람의 정당한 비난에는 귀를 기울여야 한다. 그렇지 않다면 상대의 수준이 아직 그 정도라는 것을 인정하고, 잊으면 그만이다.

쓸데없는 비난은 그냥 잊어라. 그리 중요하지 않다. 잊는 것도 연습하면 된다. 상대와 나의 성장에만 집중하라. 나의 성장에 도움이 되지 않는 남의 비난은 기억할 가치가 없다.

사람들은 자기 생각에 갇혀 제멋대로 살아간다. 이 사실을 정확하게 아는 것이 중요하다. 다른 사람들이 나를 부당하게 비난하는 것은 내 힘으로 어찌할 수 없다. 그들의 비난에 상처받을지, 상처받지 않을지 스스로 선택할 수 있다.

모든 인간이 나와 맞을 수는 없다.
타인의 칭찬에 들뜨거나 비난에 지나치게 의기소침하지 마라.

17

눈과 귀는 두 개지만 혀는 한 개다

| 겸손 |

> "좋은 조언을 무시하면 벌을 받는데 어떻게 그럴 수 있겠나?
> 좋은 조언을 무시하면 잘못을 저지르기 마련이고,
> 그러면 벌을 받기에 하는 말일세."

크세노폰, 《소크라테스 회상록》

'Latte is horse'라는 말을 들어봤는가? 엄밀하게 말하면 문법적으로는 맞지 않는 신조어다. 이것을 그대로 번역하면 '라떼는 말이야'인데, 소위 '꼰대'들이 시도 때도 없이 '나 때는 말이야~ 이랬는데, 너희는 도대체 왜 그런 거야?'라고 꼰대질하는 것을 비꼬는 말이다.

2019년 9월 영국 〈BBC Two〉 방송에서 '오늘의 단어'로 한국에서 많이 쓰는 단어인 'KKONDAE'를 선정했다. 왜 굳이 꼰대를 오늘의 단어로 선정했을까? 한국뿐 아니라 서구 사회에서도 꼰대가 많기 때문일까? 아마 그들이 사는 세상에도 여기저기 꼰대들이 우글거리고 있지 않을까?

꼰대형 인간들을 상대하는 것은 상당히 피곤한 일이다. 다른 사람과 건강한 관계를 맺기 위해서는 꼰대 지수를 좀 낮출 필요가 있다.

꼰대는 '무조건 자신이 옳다고 생각하는, 답답하고 꽉 막힌 사람'을 지칭하는 말로 주로 쓰이고 있다. 주로 나이 많은 중년 남성이 이런 성향이 있어 세대 갈등을 드러내는 대표적인 단어였다. 하지만 요즘은 나이와 상관없이 쓰이는 추세다. 꼰대들은 다른 사람의 의견을 귓등으로 듣는다. 상대의 말을 무시한다. 언제나 자기 생각만이 옳다고 생각한다.

당신은
꼰대인가?

관계에서 성장과 발전을 추구하던 소크라테스는 어땠을까? 그는 꼰대였을까? 지나가던 시민들을 붙잡고 진리에 대해 꼬치꼬치 캐묻는 노인네. 완전 꼰대의 모습이다. 갈 길도 바쁜데 굳이 그에게 걸려들지 않고 조용히 길을 지나고 싶지 않은가?

하지만 소크라테스는 꼰대와는 정반대의 특징을 갖고 있었다. 꼰대의 특징을 먼저 살펴보고 소크라테스의 모습과 비교해 보자. 먼저, 꼰대의 특징을 살펴 보자. 꼰대의 핵심 속성은 여러 가지가 있지만, 다음 세 가지로 요약할 수 있다.

첫째, 자기 생각이 절대적으로 옳다고 여긴다.

어떤 분야에 나름의 경험을 쌓은 사람들은 그 경험을 절대적이라고 생각하기 쉽다. '이렇게 하면 꼭 성공하고, 저렇게 하면 꼭 실패한다', '내 방식이 맞고, 다른 방식은 다 틀렸다'는 식으로 생각한다. 세상이 바뀌고 상황이 변하는데도 자기 신념을 고수한다. 변화에 말랑말랑하게 대처하기보다 딱딱하게 버티다 부러진다.

꼰대는 불확실한 것을 싫어한다. 명확한 인과관계를 원한다. 'A라는 값을 넣으면 B라는 결과가 나오는' 함수처럼 예측이 가능한 것을 좋아한다. 닫힌 생각, 정해진 루틴에서 안정감을 느낀다. 그전에 했던 경험만으로 모든 게 설명되기를 바란다.

하지만 닫힌 생각만으로 다른 사람과 소통하거나 창조적인 관계를 맺기는 힘들다. 열린 생각은 불확실함을 받아들이는 것이다. 여러 가지 가능성과 대안이 있음을 인정하는 것이다.

꼰대는 다른 사람의 경험이나 생각을 인정하지 않는다. 자기가 알지 못하는 영역의 데이터를 받아들이지 않는다. 자기 경험과 생각을 금과옥조로 여긴다. 여기까지는 괜찮은데 자기의 믿음을 상대에게 강요한다는 점이 문제다. 꼰대의 말이 모두 정답이라면 억울하고 기분 나쁘지만, 그들의 말을 듣는 게 낫다.

하지만 문제는 꼰대들의 지식과 경험이 100% 정답이 아니라는 점이다. 그들은 자기만의 좁은 시야와 제한적인 경험만을 붙들고 자기가 남보다 더 잘 안다고 믿으며 우물 안 개구리처럼 지낸다. 자기가 틀릴 수도 있다는 것을 인정하지 못한다.

만약 당신이 이런 생각이나 말을 종종 한다면 꼰대일 가능성이 크다.

- 그거 예전에 내가 다 해 봐서 아는데, 어차피 안 된다.
- 내가 그래도 10년 넘게 이 일을 해 왔기 때문에 나보다 잘 아는 사람은 없다.
- 예전에는 이렇게 했었는데, 요즘 젊은 친구들은 왜 저러는지 모르겠다.
- 나한테 '이래라저래라' 하지 마라.
- 알지도 못하면서 나서지 마라.

둘째, 자기중심적으로 생각하고 행동한다.

돈, 이성, 지위, 명예 등 우리를 유혹할 것은 아주 많다. 그런 유혹에 우리가 흔들리지 않을 수 있다고 확신할 수 있을까? 우리는 유혹에 넘어가는 타인을 쉽게 욕한다. 하지만 실제로 자신이 그런 상황에 닥쳐보지 않으면 자기가 그런 유혹을 이길 수 있을지는 장담할 수 없다.

유부남이 수년 동안 자신에게 구애한 여성과 바람났다고 가정해 보자. 사람들은 그 사람을 욕할 것이다. 가정이 있는 남자가 가족에 대한 신뢰와 책임감을 저버렸다고 비난할 것이다.

만약 본인이 그런 유혹의 상황에 놓인다면 어떨까? 정말로 흔들리지 않는다고 자신할 수 있을까? 꼰대들에게 익숙한 방식은 '내가 하면 로맨스, 남이 하면 불륜'이다.

심리학에 '기본적 귀인 오류'라는 말이 있다. 사람들이 타인의 행동을 판단할 때 외부의 복잡한 상황의 압박이나 영향력보다 성격과 같은 내부적인 요인을 과대평가하는 경향을 뜻한다. 일반적으로 사람들은 '내가 그 상황이라면' 하고 생각하지 못하고 그 사람의 의지나 도덕성을 모든 행동의 원인이라 생각하고 매도해 버린다.

만약 당신이 요즘 젊은 사람들에 대해 다음과 같이 말하고 생각하고 있다면 기본적 귀인 오류에 빠져 있다고 봐도 무방하다.

- 조금만 힘들면 포기하고 도망갈 생각부터 하는 것이 마음에 들지 않아.

- 야단도 맞고 쓴소리도 들어야 하는데 그런 말을 들으려고 하지 않아.
- 요즘 젊은 친구들은 간절함이 없어. 간절하게 노력하지 않으니, 취업도 안되는 거지.
- 어릴 때부터 고생을 모르고 자라서 편하게 지내면서도 감사할 줄을 몰라.

셋째, 경청하지 않는다.

사람 사이의 소통은 주로 대화로 이뤄진다. 꼰대들의 특징은 상대가 무엇을 말하는지 들으려고 하지 않는다는 것이다. 자기 할 말만 하고 경청하지 않는다. 귀는 없고 입만 있다. 그들의 대화는 양방향이 아니다.

하루는 지인들의 대화를 듣다가 별로 웃긴 이야기도 아니었는데 배를 잡고 웃은 적이 있다. 대화를 나누던 두 사람은 맥락과 상관없이 웃는 나를 이상하다는 듯 쳐다봤다. 내가 그렇게 웃은 데는 이유가 있었다. 분명 두 사람이 대화를 나누고 있었는데 서로 상대의 이야기는 하나도 듣고 있지 않았기 때문이다.

한 사람은 자기가 휴가 때 해외여행을 다녀온 이야기를 풀어놓았다. '어디서 비행기를 갈아타고 어디에 내려서 어느 숙소에 묵었는데 서비스가 형편없었다'는 내용이었다. 그런데 상대방은 그 이야기에 별다른 대꾸를 하지 않고, '구단 마스코트와 사진을

찍었는데 날씨가 더워서 탈 안의 사람이 정말 힘들었을 것 같다'
며 최근에 가족과 야구 경기를 관람한 경험을 말했다.

마찬가지로 상대는 그 말에는 전혀 반응하지 않고 자기가 하던
여행 이야기를 이어 갔다. 그런 식의 대화가 5분 넘게 이어지니
옆에서 듣다가 웃지 않을 수 없었다. 왜 대화하면서 각자 제 말만
하는 걸까? 꼰대들은 남의 말을 경청하지 않기 때문에 공감 능력
도 제로로 수렴한다. 공감은 말하는 상대에 대한 예의다. 최대한
집중해서 들어야 공감할 수 있다.

공감 능력은 크게 두 가지로 나눌 수 있다. 하나는 상대와 대화
하면서 상대의 감정을 읽는 감정적인 공감이고, 다른 하나는 상대
가 느끼는 감정의 이유를 파악하고 공감할 수 있는 인지 공감 능
력이다. 꼰대들은 둘 중 하나 이상의 공감 능력이 없다. 애초부터
경청하지 않기 때문이다.

당신이 만약 아래와 같은 증상을 보인다면 다른 사람들이 뒤에
서 당신을 꼰대라며 수군거리고 있을지도 모르겠다.

- 남이 말할 때 다음에 내가 할 말을 생각한다.
- 내가 하는 이야기에 특히 나이 어린 친구들이 귀 기울이지
  않는 것 같다.
- 가족이나 정말 가까운 사람들이 종종 말을 좀 줄이라고 요구
  한다.

- 다른 사람이 말하는 중간에 말을 자르고 끼어드는 경우가 많다.

겸손한
전기가오리

앞서 꼰대의 세 가지 큰 특징을 말했다. 다른 사람에게 이런 식으로 행동하면 관계에는 서서히 금이 간다. 마치 방죽에 작은 구멍이 생기면 걷잡을 수 없이 점점 커져 방죽 전체가 무너져 내려 버리듯이 지속적인 꼰대질은 관계의 무덤이 될 수도 있다.

당신의 눈앞에 골수 꼰대가 있다고 생각해 보자. 자기 생각만을 절대적으로 옳다고 여기는 그는 어떤 객관적인 근거를 들이밀더라도 자기 생각을 바꾸지 않는다. 그와의 대화는 거대한 벽과 말하는 것 같을 것이다.

사람들이 그를 대놓고 비판하지 않을 수도 있지만, 아마 굳이 말을 섞고 싶지 않아 피할 것이다. 자기중심적으로 생각하는 그와의 대화는 감정적으로 힘들다. 나의 입장을 헤아리지 않고 지적질만 일삼기 때문이다. 내 말을 경청하지 않는 그와의 대화 또한 그 누구도 싫어할 것이다.

그렇다면 소크라테스는 어땠을까?

첫째, 자기 생각만 옳다고 여기지 않았다.

"심미아스, 아마도 자네가 본 게 옳을 것일세. 하지만 과연 어
떤 점에서 충분치가 않은지를 말해 주게."

플라톤, 《파이돈》

소크라테스는 공공연히 자기가 아는 것이 없다고 말하고 다녔
다. 실제로도 그렇게 믿었다. 무지의 지를 설파하던 소크라테스.
그는 결코 자신이 아는 것을 절대적이라고 생각하지 않았다. 언제
든 열린 자세를 보였다. 소크라테스는 대화 중에 상대방이 아무리
나이가 어려도 그 사람의 의견을 틀리다 말하지 않았다.

둘째, 상대의 입장에서 생각했다.

"친구여, 함께 생각해 보세. 내 말에 자네가 반박할 수 있다면
그렇게 해 주게. 나는 자네 말을 따를 테니까 말이야."

플라톤, 《크리톤》

소크라테스의 친구 크리톤은 친구의 처형을 앞두고 탈옥의 정
당성에 대해 소크라테스와 논쟁했다. 소크라테스는 자기 논리로
친구를 충분히 제압할 수 있었지만, 언제든 반박하도록 했다. 이

치에 맞다면 반박은 언제든 환영이었다. 그런 일은 없었을 테지만 만약 크리톤의 말에 소크라테스가 논박당했다면 탈옥하지 않았을까? 소크라테스는 항상 겸손하게 상대의 입장에서 생각하려고 노력했고, 열린 태도를 가졌다.

셋째, 다른 사람의 말을 경청했다.

"자네가 하는 말을 한마디도 놓치지 않으려고 정신을 집중한다네."

플라톤, 《에우티프론》

소크라테스와 대화를 나누던 에우티프론이 소크라테스에게 놀라며 자기 말뜻을 정확하게 이해하고 있다고 말했다. 소크라테스는 상대의 말을 자기가 얼마나 경청하고 있는지 알려 줬다.

경청은 겸손한 태도에서 시작된다. 누군가가 말할 때 그는 상대가 그 말을 잘 들어 주기를 바란다. 하지만 사람들은 여러 가지 이유로 경청하지 않는다. 머릿속에서 다른 생각을 하거나 상대의 말을 이미 틀린 것으로 간주하고 흘려버리기도 한다.

당신은 꼰대인가? 당신이 꼰대인지 여부는 성별이나 나이의 문제가 아니다. 상대방을 대하는 태도의 문제다. 겸손함을 가진 사람은 꼰대라는 말을 듣지 않을 것이다. 소크라테스는 겸손함을 강조했다.

소크라테스는 무지의 지를 깨닫게 하려고 정신을 마비시키는 전기가오리일 뿐 절대 꼰대는 아니었다. 신기하게도 소크라테스에 대한 기록에서, 특히 플라톤의 그 수많은 대화편에서 단 한마디의 짜증이나 고압적인 어조가 없다. 그는 항상 겸손한 태도로 사람들과 대화를 나눴다. 겸손한 전기가오리! 그가 바로 소크라테스다.

당신이 익숙하게 했던 행동과 말이
늘 정답은 아니다.

18
—

자기 가족을 섬기는 것이 인간됨의 첫 걸음이다

| 가족 |

> "남편은 자식을 낳아 줄 아내를 부양하고, 태어날 자식이 살아가는 데
> 도움이 될 만한 것이라면 무엇이든 주고 쌓아 둔다.
> 아내는 죽을 위험을 무릅쓰고 임신하고,
> 자기가 먹을 것까지 나눠 주며 출산의 무거운 짐을 참고 견딘다."
>
> 크세노폰, 《소크라테스 회상록》

통계청은 2023년 국내 혼인 건수가 19만 4,000건이라고 발표했다. 인구 1,000명당 혼인 건수를 나타내는 조혼인율은 3.8건이었다. 그렇다면 이혼 건수는 어느 정도 될까? 2023년 한 해에 이혼은

9만 2,000건이었다. 단순히 2023년의 혼인 건수와 이혼 건수만 비교해 본다면 결혼한 사람 중 47.4%가 이혼한 셈이다.

사실 이것은 통계의 오류다. 2023년에 이혼한 부부들의 대부분이 이전에 결혼한 사람들이기 때문이다. 하지만 정말 많은 부부가 이혼한다는 사실만은 틀림없다. 이혼한 부부의 혼인 지속 기간은 5~9년이 가장 많았고 4년 이하, 30년 이상의 순으로 많았다. 평균 초혼 연령이 남성 34세, 여성 31.5세인 점을 고려해 볼 때 40대의 이혼이 대부분이라고 할 수 있다.

실제로 연령별 이혼율은 남성은 40대 후반이 1,000명당 7.2건, 여성은 40대 초반이 1,000명당 7.9건으로 가장 높았다. 통계만으로 본다면 마흔의 가정은 위태로워 보인다. 마흔의 가정은 왜 이렇게 위태로울까?

제93회 아카데미 시상식 여우 조연상 수상 등 세계적인 영화제에서 다수의 상을 받은 영화 〈미나리〉에서는 마흔의 위태로운 가정을 보여 준다. 영화의 배경은 1983년의 미국 아칸소주. 한인 이민 가정의 가장 제이컵은 병아리 성별 감별의 달인이다. 하지만 그는 평생 남의 밑에서 병아리 엉덩이만 보며 살고 싶지 않다.

그는 자기 농장에서 재배한 한국 채소를 미국에 사는 한국인 대상으로 판매할 계획을 갖고 캘리포니아에서 아칸소주의 허허벌판 농장으로 이사한다. 아내 모니카는 아메리칸드림을 이루려는 남편을 이해하면서도 농장의 열악한 환경과 심장이 약한 아들 데이비드가 걱정된다.

모니카는 어머니에게 도움을 요청하고, 모니카의 어머니 순자는 한국 음식을 잔뜩 싸 들고 이들 가족과 함께하게 된다. 순자는 이때 어디서나 잘 자라는 미나리 씨앗을 들고 와 제이컵 농장 개울가에 심는다.

제이컵은 무리하게 빚을 지면서 농장에 모든 것을 투자한다. 다행히 성공적으로 농작물을 수확한다. 그런데 제이컵의 농작물을 사 주기로 했던 상인이 주문을 취소하면서 그는 벼랑 끝에 몰린다. 어떻게든 농작물의 판로를 뚫어보려는 제이컵과 남편이 가족을 더 생각해 주기를 원하는 모니카 사이에 위기가 찾아온다. 하필이면 일이 잘 풀리는 시점에 두 사람은 암묵적으로 서로 헤어지기로 결정한다. 아들 데이비드의 심장에 아무런 문제가 없다는 의사의 소견을 받고 제이컵의 물건을 사 주겠다는 새로운 상인을 만난 그날이다.

그날 부부는 냉랭한 분위기로 차를 타고 귀가하는 사이에 뇌졸중으로 몸이 불편한 순자가 쓰레기를 태우다가 실수로 농작물을 보관하던 창고에 불을 옮겨 붙이고 만다. 제이컵과 모니카는 불길 속에서 농작물을 하나라도 더 건지려고 노력하지만, 결국 대부분 잿더미가 된다.

조금 전까지 헤어지려고 마음먹었던 두 사람은 서로를 구하려 노력한다. 심장이 아픈 손자는 위험한 상황에서 헤매고 있는 할머니를 향해 전력 질주해서 할머니의 손을 잡아끈다.

결국 빚더미와 잿더미만 남은 제이컵 가족. 이제 희망이 없어 보이지만, 그들은 오히려 다시 서로 힘을 합친다. 그리고 순자가 심어 둔 생명력 강한 미나리를 바라본다. 가족이 하나가 됐을 때 미나리처럼 질긴 생명력을 가지게 된 것이 아닐까?

40대의 부부에게는 해결할 문제가 많다. 경제적인 문제, 가족의 건강, 자녀 교육 문제, 직업, 가족과의 관계 등. 영화 〈미나리〉는 이런 40대 가정의 위기와 갈등, 그리고 그것이 해소되는 모습을 보여 준다.

아내 모니카는 미래의 성공도 좋지만, 현재의 가족을 위해 남편이 가족에게 좀 더 관심을 주기를 원한다. 제이컵은 '가족을 위해' 멋지게 성공하는 모습을 보여 주고 싶다. 방향은 다르지만 결국 두 사람이 원하는 것은 같다. 그것은 바로 가족의 안락함과 행복이다. 하지만 의도와는 다르게 둘의 갈등은 영화가 진행되는 내내 고조된다.

하지만 극적인 계기로 갈등 해결의 실마리가 보인다. 그것은 가족 외에 모든 것을 잃어버리는 경험이다. 무섭게 타오르는 불길 속에서 제이컵 가족은 서로를 구한다. 부부는 서로를 구하고 아이는 할머니를 구해 냈다. 아무리 갈등이 있어도 정말 위태로운 상황에서 우리가 마지막에 기댈 존재는 가족이 아닐까? 그런데도 가족끼리 사이가 틀어지는 것은 왜 그럴까? 소크라테스의 가족 이야기를 참고해 보자.

애증의 관계
소크라테스와 크산티페

"크산티페가 울기 시작하면 비를 내리게 한다네."

디오게네스 라에르티오스, 《고대 그리스 철학자의 생활과 의견 및 저작 목록》

소크라테스의 아내 크산티페는 성격이 괄괄했던 것으로 알려져 있다. 그녀는 소크라테스에게 잔소리를 퍼붓다가 화가 나면 물까지 끼얹었다. 한번은 크산티페가 소크라테스에게 분통이 터져 사람들이 많은 광장에서 남편의 윗옷까지 벗기려 했다.

이 정도 되면 아내와 크게 다툴 법도 한데 소크라테스는 아랑곳하지 않았다. 마치 자기가 당하고 있는 일이 아닌 것처럼 행동했다. 오히려 그의 주변 사람들이 그를 걱정했다.

"기질이 억센 아내와 함께 산다는 것은 마치 기수가 야생마와 지내는 것과 마찬가지네. 하지만 그 기수가 말을 잘 길들이고 나면 다른 말도 쉽게 탈 수 있듯이, 나도 아내와 사노라면 다른 사람들과는 원만하게 지낼 수 있을 테지."
디오게네스 라에르티오스, 《고대 그리스 철학자의 생활과 의견 및 저작 목록》

소크라테스는 단순히 아내를 건디고 버틴 것이 아니었다. 소크라테스는 사람들의 다양성을 인정하고 포용했다. 가족도 예외가 아니었다. 상대의 수준과 생각하는 방식을 이해하고 상대의 위치에서 바라보면 어떤 행동도 이해할 수 있는 것이다.

그래서 소크라테스는 아내가 어떻게 시비를 걸어도 다투지 않았다. 아내 입장에서는 충분히 그럴 수 있다고 생각했던 것이다. 돈 한 푼 벌지 못하고 전혀 가장 노릇을 하지 않는 늙은 남편에게 어떻게 곱디고운 말을 할 수 있었겠는가?

영화 〈미나리〉에서 화재를 통해 가족 간의 진심을 볼 수 있었던 것처럼 소크라테스의 죽음 앞에서 소크라테스와 크산티페의 진심을 엿볼 수 있다. 종종 소크라테스에게 심하게 대했던 크산티페였지만, 그의 사형 선고에 '당신은 부당하게 죽임을 당하는 것'이라고 말하며 슬퍼했다. 사형을 집행하는 마지막 날, 크산티페는 소크라테스의 제자와 친구 15명 앞에서 슬픔을 감추지 못하고 울부짖었다.

크산티페: 소크라테스, 이제 친구들이 당신에게, 당신이 친구들에게 말을 건네는 것도 정말 마지막이에요.

소크라테스: 크리톤, 누가 이 사람을 집으로 데려가도록 해 주
게나.

플라톤,《파이돈》

소크라테스는 크산티페가 지나치게 슬퍼하는 것이 걱정되었던
지 크리톤에게 누군가를 시켜 크산티페를 집으로 데리고 가도록
부탁했다. 크산티페는 진심으로 소크라테스의 마지막을 슬퍼했
다. 소크라테스의 마지막 순간에 부부는 서로를 생각하는 모습을
보여 줬다. 소크라테스와 크산티페는 생각하는 방식, 살아가는 방
식은 달랐지만, 죽음이라는 극한 상황에서는 서로를 위하는 마음
이었다.

어머니에게 대드는
아들과 한 대화

소크라테스에게는 세 명의 아들이 있었다. 첫째 람프로클레스
는 BC 416년생, 둘째 소프로니스코스는 BC 410년생, 막내 메넥
세노스는 BC 402년생이었으니 소크라테스가 독미나리즙을 마셨
을 때 그들의 나이는 각각 17세, 11세, 3세였다.

하루는 큰 아들인 람프로클레스가 어머니에게 화를 냈다. 보통
이런 경우 아버지들은 한쪽 편을 드는 경우가 많다. 평소 아내에

게 쌓인 게 많은 남편이라면 아들에게도 비슷한 잔소리를 하는 아내를 비난하며 아들 편을 들 것이다.

혹은 부모에게 대드는 아들의 버르장머리를 고쳐 놓겠다고 대뜸 아들에게 소리를 지를 것이다. 소크라테스는 어떻게 했을까? 소크라테스에게 예외는 없었다. 그는 평소에 다른 사람들에게 하는 것과 같이 아들과 대화를 시작했다.

소크라테스: 은혜를 저버리는 것, 받은 혜택이 큰데도 감사하지 않는 태도는 불의한 것이겠지?

람프로클레스: 그렇습니다.

소크라테스: 자식이 부모에게 받는 혜택보다 더 큰 혜택을 받는 사람이 있을까? 여자는 힘겹게 견딘 끝에 출산하고 아이를 기르지. 아이는 엄마에게 혜택을 준 적이 없고, 심지어 누가 자기에게 혜택을 주는지도 모르는데도 말이야. 그리고 부모는 아이가 살아가는 데 도움될 만한 것을 가르치고, 돈이 들더라도 더 잘 가르치는 선생에게 보내지. 아이가 훌륭한 인물이 되게 하려고 무슨 일이든 하려고 해.

람프로클레스: 하지만 이런 은혜를 베풀어 주셨다고 해도 어머니의 드센 기질은 누구도 참고 견딜 수 없을 거예요.

가족의 유대는 서로를 이해하고
존경하는 기쁨에서 시작한다.

소크라테스는 아들에게 부모에게 이렇게 많은 은혜를 받고도 그 은혜를 저버리려 하는 것은 불의한 태도라고 설득한다. 하지만 아들은 어머니가 자기를 심하게 대하는 것을 도저히 참기 힘든 모양이다.

소크라테스: 너는 맹수에게 당하듯 어머니에게 물리거나 차여서 해코지를 당한 적이 있느냐?

람프로클레스: 아닙니다. 하지만 어머니는 모욕감을 느낄, 평생 듣고 싶지 않은 말씀을 하신단 말이에요.

소크라테스: 어머니가 너에게 하는 말에 악의가 없고 네가 잘되기를 바란다는 것을 알면서도 화를 내는 게냐? 그렇지 않으면, 어머니가 네게 악의를 품고 있다고 생각하느냐?

람프로클레스 아닙니다. 어머니께서 저에게 악의를 품고 계신다고는 생각하지 않습니다.

소크라테스: 너는 너에게 도움을 주는 다른 사람들에게는 호감을 사려고 하면서 어머니는 섬길 필요가 없다고 생각하느냐? 네가 부모를 홀대하는 것을 보면 사람들이 널 경멸할 것이다. 그리고 너에게 은혜를 베풀어도 네가 고맙게 여길 거라고 생각할 사람은 아무도 없지 않겠니?

가족은 이해타산의 관계가 아니다. 바꾸려 해도 바꿀 수 없는 평생 이어져 있는 관계다. 소크라테스는 가족을 '판단'하지 않았다. 있는 그대로 받아들였다.

가족은 서로 더 잘되기를 바라는 마음에서 잔소리할 수 있다. 감정을 잘 다스리지 못해 원색적인 말로 서로를 비난할 수도 있다. 지지고 볶고 산다는 말도 있지 않은가? 그런 가족을 그대로 받아들이는 것이 중요하다. 가족이 마음에 들지 않는다고 자기가 원하는 대로 바꿔 보려는 마음 때문에 갈등이 생긴다.

가족은 소유물이 아니다.
그들을 함부로 내 입맛에 맞게 바꾸려 하지 말라.

4장

어떻게
이 삶을
보여 주고
싶은가

인생 철학자의 탁월한 삶

19

위대한 삶을 위해
위대하게 꿈꿔라

| 탁월함 |

"그저 사는 것이 아니라 훌륭하게
사는 것을 가장 중요시해야 하네."

플라톤, 《크리톤》

아침 출근길 지하철을 타 보면 사람들의 표정이 대부분 무채색
이다. 아마 대부분이 직장인들일 것이다. 99퍼센트가 스마트폰을
쳐다보며 출근하기 싫어 죽겠다는 표정이다.

그런데 대부분의 사람은 서울권 대학에 들어가겠다고 학원 뺑
뺑이 돌며 공부한다. 그리고 토익 시험을 치고, 스펙을 쌓는다. 취

업하기 위해서다. 어렵사리 취업하면 모든 일이 탄탄대로일 것 같지만 현실은 녹록지 않다.

예전보다 근무 환경이 나아졌다고는 하지만 직장은 여전히 직장이다. 상사의 눈치를 봐야 하고 남의 돈을 벌기 위해 하기 싫은 일을 억지로 해야 한다. 때로는 부당한 대우나 평가도 어느 정도 참고 넘겨야 한다.

아침에 휘파람을 불며 기쁜 마음으로 출근하는 직장인이 대한민국에 몇 명이나 되겠는가? 직급이 높은 사람은 높은 대로, 낮은 사람은 낮은 대로, 출근하고 싶지 않은 이유가 수십 가지는 있을 것이다.

'평범하게' 월급을 받으면 행복할까? 직장인이 남들 하는 것처럼 여름, 겨울 휴가 때 해외여행도 좀 다녀 주고, 집도 차도 마련하려고 하면 월급만으로는 어림도 없다. 물가는 미친 듯이 오르는데 결혼에, 출산에 시간이 흐를수록 여기저기 들어가는 돈은 왜 그리 많은지. 월급은 계좌를 스쳐 지나가고 통장은 매달 텅 비기 마련이다.

'연봉 1억 원'은 월급쟁이들에게 상징적인 의미가 있다. 하지만 '1억 원 연봉=고액 연봉자'도 모두 옛말이다. 연봉 1억 원이 넘더라도 다른 사람들 하는 만큼의 수준으로 살려고 하면 떵떵거리고 살기는커녕 근근이 가족을 부양하는 수준이다. 평범하게 산다는 것은 결코 만만하지 않다. 굉장히 어려운 일이다.

누구도 도전하지 않은
길을 비행하는 갈매기

'조나단 리빙스턴'이라는 이름을 들어 본 적이 있는가? 한번 들어 본 것 같은데 누구였더라? 유명인 같은데? 사람 이름이 아니라 리처드 바크의 소설 《갈매기의 꿈》에 나오는 주인공 갈매기의 이름이다. 《갈매기의 꿈》은 평범함과 탁월함이라는 주제로 이야기할 거리가 많다.

해가 떠오르면 바닷가에서는 전쟁이 시작된다. 사람들은 낚싯배를 띄우고 본격적인 낚시 전에 밑밥을 뿌린다. 낚시를 해 본 사람들은 알겠지만 바닷가에서 그냥 낚싯줄만 던지고 물고기를 잡으려는 시도는 무모하다. 낚싯바늘에 매달린 미끼에만 의지하다가는 하루 종일 물고기 한 마리도 못 잡을 수 있다. 밑밥으로 물고기를 유인하지 않고 잡는다는 것은 거의 불가능하다.

물고기만 밑밥에 꼬이는 게 아니다. 수백 마리 아니 1,000마리쯤 되는 갈매기가 그 밑밥을 조금이라도 얻어먹으려고 서로 밀어내고 다툰다. 갈매기들은 경쟁자를 밀어내야 더 많이 먹을 수 있기에 피 터지게 싸운다.

평범한 갈매기 1,000마리는 떡밥에 의존하는 삶을 살아가고 있다. 평범해서 큰 고민은 없지만 자유롭지도 않다. 만약 날씨가 좋지 않거나 선장에게 사정이 생겨 낚싯배가 뜨지 않는다면 그날 밑밥은 없기 때문이다.

평범함이라는 이름으로 외부의 누군가에게 자기 삶을 결정하는 권리를 넘겨준 대가다. 매일 똑같이 반복되는 평범한 갈매기들의 일상 속 삶은 치열하다. 그 갈매기들은 남을 밟고 올라서야 한다는 생각, 삶이란 원래 괴로운 것이라는 생각, 내 삶을 스스로 통제하기는 힘들다는 생각에 사로잡혀 평생을 살아간다.

> "대부분 갈매기에게 중요한 것은 비행이 아니라 먹이였다. 하지만 조나단에게 중요한 것은 먹이가 아니라 비행이었다."
>
> 리처드 바크, 《갈매기의 꿈》

1,000마리의 평범한 갈매기 사이에서 조나단 리빙스턴은 자기만의 비행술을 익히려고 노력한다. 그저 먹고살려고 몸뚱이를 유지하기 위해서가 아니라 삶의 의미를 찾기 위해 분투한다. 갈매기에게 높고 멀리 나는 펠리컨이나 알바트로스 같은 엄청난 활공 비행술 따위는 필요하지 않다. 그저 가까운 바닷가에서 먹이를 구할 정도의 파닥거림이면 충분하다.

하지만 조나단은 '군계일학(群鷄一鶴)'의 면모를 보인다. 갈매기 무리에서 누구도 도전하지 않은 비행술에 도전한다. 이유는 없다. 굳이 이유를 찾자면 진정한 삶을 살겠다는 충동 때문이다.

> "이 엉뚱한 짓은 그만두자. 갈매기 무리로 날아가서 이대로 만

족하면서 살아야 해. 한계가 많은 처량한 갈매기로."

리처드 바크, 《갈매기의 꿈》

　하지만 이 과정은 순탄치 않다. 조나단의 부모를 비롯한 주변 갈매기들은 그의 무모한 도전에 모두 반대한다. 하지만 공기의 저항을 이겨 내야 날아오르듯 시련을 극복해야 비상할 수 있다. 저항은 극복하라고 있는 것이다. 조나단은 잠시 흔들리지만, 다시 마음을 다잡고 밤을 새워 연습하고 또 연습한다. 마침내 그는 시속 344킬로미터의 고속 비행에 성공한다.

　"조나단은 생기 넘쳤다. 기쁨에 파르르 떨었고, 두려움을 통제할 수 있다는 사실이 자랑스러웠다. 이제 살아갈 이유가 얼마나 더 많은가! 우린 자유로울 수 있어!"

리처드 바크, 《갈매기의 꿈》

　이처럼 자기의 한계를 극복했을 때 느끼는 그 만족감과 생명력을 이렇게 멋지게 표현한 글이 있을까? 자기 한계를 극복하는 것, 두려움을 이겨 내고 통제하는 것, 그것은 생명력의 표현이다. 생명은 먹고 싸려고 태어난 것이 아니다. 자신을 확장하고 표현하기 위해 존재한다. 이 삶을 최대한으로 꽃피우기 위해, 탁월하게 살기 위해 노력해야 하는 이유다.

작가인 리처드 바크는 비행기 조종사였다. 수백, 수천 시간 동안 하늘에서 바라본 인간 세상은 어땠을까? 평범하게 아웅다웅 살아가는 사람들의 모습에서 답답함을 느끼지 않았을까? 자유롭게 하늘을 날면서 이런 자유를 계속 누리고 싶지 않았을까?

소크라테스와
조나단의 공통점

《갈매기의 꿈》속 조나단을 보며 소크라테스를 떠올렸다. 소크라테스와 조나단의 모습에는 몇 가지 공통점이 있다.

첫째, 먹고사는 것 그 이상의 '탁월함(arete)'을 추구했다.

"소크라테스는 사람들에게 미덕을 추구하는 욕망을 줬다. 그리고 자신을 돌보면 진실로 훌륭한 사람이 될 수 있다는 자신감을 불어넣어 많은 사람이 악덕에서 벗어나게 해 줬다."

크세노폰, 《소크라테스 회상록》

그리스어 '아레테'는 기본적으로 '덕(virtue)'이라는 뜻이다. 덕이란 무엇인가? 탁월함이다. 어떤 사물이 덕을 지니고 있다는 것은 그 본성을 가장 잘 발현하고 있는 것, 존재를 가장 탁월하게 표현하고 있는 상태다.

거울의 아레테는 사물의 모습을 그대로 잘 비추는 것이다. 자동차의 아레테는 사람을 편안하고 안전하게 이동시키는 것이고, 집의 아레테는 포근하고 편리한 공간을 제공하는 것이다. 한마디로 아레테는 사물이나 사람의 가장 탁월한 상태를 말한다.

인간의 아레테는 무엇일까? 사람은 어떤 상태일 때 가장 탁월하다고 할 수 있을까? 건강한 것, 강인한 육체를 가지는 것, 많은 재산을 가지는 것? 모두 좋다.

하지만 소크라테스가 강조한 것은 영혼의 탁월함이다. 그가 볼 때 인간이 가장 행복한 상태는 이성의 능력을 최대한 발휘하여 영혼의 탁월함을 성취하는 것이다. 절제, 정의, 헌신, 용기 같은 덕목을 바탕으로 올바른 지혜를 얻는 것이다. 그러기 위해서는 지금 잘못 알고 있는 것을 철저히 검증하여 사실은 자기가 아무것도 모른다는 사실을 깨닫고 인정해야 한다.

소크라테스가 살았던 시기 그리스는 전쟁의 시대였다. 아테네는 델로스 동맹의 맹주로 풍요로움을 한껏 누리다가 펠로폰네소스 전쟁으로 추락했다. 그는 아테네 사람들이 육체적인 것, 물질적인 욕심만을 추구하다가 몰락하는 것을 지켜봤다.

이렇게 눈앞에서 몰락하는 아테네의 모습을 경험하다 보니 소크라테스는 인간으로서 가장 탁월한 것이 무엇인지, 올바른 것이란 무엇인지 더욱 간절하게 탐구했다. 인간 중에서 가장 지혜로운 자라면 반드시 가장 탁월한 인간이 되기 위해 노력해야 했다.

《갈매기의 꿈》속 조나단도 평범한 갈매기의 삶을 벗어나 가장 탁월한 상태를 꿈꿨다. 제대로 비행하는 갈매기, 존재의 잠재력을 최대한 발휘한 상태를 꿈꿨다.

둘째, 손가락질받는 것을 두려워하지 않았다.

자기가 옳다고 생각하는 길이 세상 사람들의 상식에 어긋나는 경우가 있다. '상식'은 일상적인 지식이다. 탁월한 깨달음이 아닌 평범한 생각이다.

상식은 일상적인 생활을 위해서 필요하지만, 탁월한 삶을 위한다면 때로는 상식을 깨야 한다. 상식적인 평범한 사람들은 비범한 사람들을 손가락질한다. 왜 그렇게 생각하고 말하고 행동하는지 이해하지 못하기 때문이다.

"매미와 텃새가 대붕을 비웃었다. 내가 마음먹고 한번 날면 느릅나무와 빗살 나무까지 갈 수 있어. 어쩌다 가끔 이르지 못해 땅에 곤두박질할 때가 있지만. 무엇 때문에 구만리 창공을 날아간단 말인가?"

《장자》, 〈소요유〉

《장자》의 〈소요유〉에 보면 작은 매미와 새가 거대한 대붕이 구만리 상공을 날아오르는 것을 보며 비웃는 장면이 나온다. '저놈의 큰 새는 왜 저렇게 힘들게 살까? 그냥 평범하게 나무 사이를 오가면서 작은 먹이나 먹으면 될 것이지, 왜 저렇게 쓸데없이 요란스럽게 멀리, 높이 나는 거지?' 매미와 작은 새는 죽었다 깨어나도 대붕의 세계를 이해하지 못한다.

대붕이 매미 따위의 비난에 신경 쓸까? 안중에도 없다. 하지만 그들을 무시하지 않고 포용한다. 그들의 의식 수준을 이해하기 때문이다. 만약 당신이 탁월한 존재가 되기 위해 노력하는데 누군가가 비난한다면 절대 좌절할 필요가 없다. 비난하는 자는 비난하도록 내버려 둬라. 그는 그가 할 일을 하고 있을 뿐이다. 그의 의식 세계에서 그렇게 행동하는 것이 진리다. 어쩔 수 없다. 그런 그들의 상태까지도 끌어안고 나는 내 갈 길을 가면 그만이다.

소크라테스와 조나단은 무리에서 벗어나면 비난받는다는 사실을 정확하게 알고 있었다. 그렇지만 그것을 두려워하며 피하지 않았다. 철저히 자기 길을 갔다. 그것이 탁월함을 추구하는 자의 숙명이다.

셋째, 자기 깨달음을 세상에 전했다.

소크라테스의 가장 위대한 점이다. 조나단은 비행과 의식에 대한 진실을 깨닫고 세상으로 나아간다. 자기를 따르는 제자들을 하나둘 가르치면서 깨달은 바를 전한다. 소크라테스는 스스로 깨달았다고 생각하지는 않았지만, 한 가지 사실은 확실하게 알았다. 자신이 무지하다는 것. 그는 그 깨달음을 전하기 위해 평생 형제 시민들과 대화했다. 나 혼자 탁월함에 이르고 행복하면 그만일 텐데 왜 굳이 그런 길을 택했을까?

플라톤의 《국가》에는 유명한 '동굴의 비유'가 나온다. 날 때부터 어두운 동굴에 갇혀 있는 죄수들. 그들은 햇살로 가득 찬 세상은 꿈도 못 꾸고 동굴 안의 횃불에 비친 가짜 그림자를 세상 전부로 알고 살아간다. 하지만 몇몇 깨어난 자는 힘겹게 동굴 밖으로 나가 진짜 세상을 본다. 따뜻한 햇살과 그에 비친 아름다운 풍경.

그것을 본 사람들은 저 혼자 행복하고 말까? 아니다. 다시 돌아가야 한다. 그들의 동료에게로 가서 진짜 세상의 모습을 전한다. 동굴 속 죄수들은 그들의 말을 곧이곧대로 믿지 않겠지만, 일부는 깨달음을 얻고 다시 돌아와 진실을 알려 준 그들에게 감사할 것이다. 동굴의 비유를 생각하면 소크라테스와 그의 제자들의 모습이 떠오른다.

> "당신은 재산을 늘리는 것, 그리고 명성과 명예는 돌보면서도 현명함과 진실, 그리고 영혼을 최대한 훌륭하게 하는 일은 돌보지도 신경 쓰지도 않는다는 게 수치스럽지 않습니까?"
>
> 플라톤, 《소크라테스의 변명》

마흔의 그대여, 탁월함을 추구하라. 그저 살지 말고 가장 탁월하게 살기 위해 노력하라. 한 번뿐인 삶을 고개 숙이고 살 것인가? 나의 잠재력을 최대한 발휘하는 방향으로 말하고 생각하라.

평범함의 덫에 갇히지 말고 스스로 가장 탁월한 존재가 되기 위해 노력하라. 진짜 행복은 하루하루 조금씩 탁월함을 향해 나아가는 그 과정 속에 있다.

**그저 숨만 쉬고 살아가는 것이
삶의 목적이 돼서는 안 된다.**

20

유일한 선은 앎이며 유일한 악은 무지다

| 품격 |

> "다른 사람들은 먹기 위해 살아가지만,
> 나는 살기 위해 먹는다."

디오게네스 라에르티오스, 《고대 그리스 철학자의 생활과 의견 및 저작 목록》

"내가 누군 줄 알고 이따위로 해? 내가 여기 한두 번 왔어?"

한 지인이 주말 저녁에 고급 호텔 레스토랑에서 겪은 일이다. 말끔하게 차려입은 중년 남성이 레스토랑에서 가족과 식사하다가 소리를 질렀다고 한다. 주문한 음식과 음료가 늦게 나온데다가 원래 주문한 메뉴가 아닌 다른 게 나왔던 모양이다. 해당 호텔 책임자까지 나와서 그에게 사과했다고 한다. 물론 호텔 측의 잘못이었지만, 이 호텔 진상남의 고함에 모처럼 가족 모임을 하던 지인과 가족은 눈살을 찌푸렸다.

"나에게는 아내와 어린 아들들이 있습니다. (얘들아, 이리 와 보렴) 이 아이들을 보세요. 막내는 이제 세 살밖에 되지 않았습니다. 내가 죽으면 이 아이들이 어떻게 되겠습니까? 아비 없는 자식으로 살아간다는 것은 아이들에게 참으로 가혹한 일이 될 것입니다. (얘들아, 너희들도 아비를 위해 눈물을 좀 보이렴). 시민 여러분, 나에게 자비를 베풀어 주시오. 내가 가진 돈은 없지만, 벌금형을 받아야 한다면 나를 위해 돈을 내어 줄 친구들이 있습니다. 추방당해야 한다면 아테네를 떠나 조용히 살겠습니다. 그러니 제발 죽이지만 말아 주시오. 이 늙은이의 목숨을 빼앗아서 당신들에게 무슨 이득이 있겠습니까? 그간 내가 당신들과 젊은이들에게 질문을 하며 다닌 것은 결코 나쁜 의도가 아니었소. 젊은이들을 타락시키려는 것이 아니라 그들이 무지를 깨닫기를 바라는 마음에서 한 것입니다. 그간 이런 내 행동이 불편했다면 이제는 조용히 살 것이오."

고발당한 소크라테스가 이렇게 말했다면 그는 사형을 피할 수 있었을까? 그랬을지도 모른다. 당시 아테네 법정에서 피고인들이 울고불고 가족을 동원해 배심원들의 동정심에 호소하는 일은 아주 흔한 장면이었다. 시민들이 모두 훌륭한 이성을 바탕으로 합리적인 판단을 내리는 것은 아니기 때문에 감정을 자극하는 것은 불리한 판결을 피하기 위한 전략적 선택이었다. 그 과정에서 배심원들의 비위를 맞추기 위해 속으로는 인정하지 않더라도 겉으로는 어느 정도 자기 잘못을 인정해야 했다.

하지만 소크라테스는 절대로 그런 '격 떨어지는' 행동을 하지 않았다. 그는 최후의 순간까지 자기 품격을 지켰다. 그렇지 않으면 그간의 자기 삶을 모두 부정하는 것이나 마찬가지였기 때문이다. 소크라테스는 자기 삶의 품격을 지켜 냈기 때문에 서양 철학의 시조가 되었고, 지금까지 철학자의 모범으로 존경받고 있다. 물론 목숨은 잃었지만.

나이가 들수록 품격이라는 것이 중요하다는 생각이 든다. 아무리 지위가 높고 돈이 많더라도 품격 없는 말과 행동을 하면 그 사람에 대한 신뢰는 한순간에 무너진다. 겉으로 아무리 꾸며도 소용없다. 그 사람의 '진짜'는 품격에서 나오기 때문이다.

사서삼경에서 읽는
품격의 정의

'품격(品格)'의 사전적 정의는 사람 된 바탕과 타고난 성품이다.

정의가 좀 심심하다. 품격은 좀 더 깊은 뜻이 있는 단어다. 조금 더 파고들어 가 보자.

'품(品)'의 의미는《주역》을 통해 깊이 알아볼 수 있다.

大哉乾元 萬物資始 乃統天 雲行雨施 品物流形 (대재건원 만물자시 내통천 운행우시 품물유형)
크도다. 하늘의 근원이여, 만물이 이를 바탕으로 비롯되는구나, 이에 하늘을 거느리도다, 구름이 일어나고 비가 내려 갖가지 사물이 그 형태를 펼치는구나.

《주역》, 건괘

《주역》 건괘 단전(象傳)의 일부다. 단전은 공자가 풀어 쓴 글이다. 여기에 품이라는 글자가 나온다. 이 말의 전체적인 맥락은 가장 근원이 되는 원(元, 으뜸/하늘)에서 만물이 비롯되고, 음양 기운이 서로 엉겨 비가 되어 내리고, 그 속에서 각기 고유한 특성을 가진 사물이 형상을 갖춘다는 것이다.

'운우지정(雲雨之情)'이라는 말이 있듯이, 구름과 비는 생명의 근원이 된다. 재미있는 것은 이런 음양 기운의 조화로 '만물(萬物) 이 형상을 갖춘다'고 하면 되는데, 공자는 '품물(品物)이 형상을 갖춘다'라고 한 점이다.

왜 모든 사물을 가리키는 만물이라고 하지 않고 품물이라고 했을까? 품물은 모든 사물을 다 합친 의미가 아니라 천지인(天地人)으로 구분한 사물이다. 음양 조화로 하늘에 속하는 물건은 하늘에, 땅에 속하는 물건은 땅에, 사람에 대한 것은 사람에 걸맞게 생겨난다는 것이다.

그렇다면 품은 성질에 따른 구분이다. '사물과 사람의 본질적인 등급, 가치'를 품이라고 할 수 있다. 사람이라도 다 같은 사람이 아니다. 그 사람이 어떤 생각으로, 어떻게 말하고 행동하는지에 따라 성질이 달라진다. 조금 더 냉혹하게 말하면 등급이 달라진다.

'격(格)'의 의미는 《대학》에서 음미해 볼 수 있다.

致知在格物 物格而后知至 知至而后意誠 意誠而后心正 心
正而后身修 身修而后家齊 家齊而后國治 國治而后平天下
(치지재격물, 물격이후지지, 지지이후의성 의성이후심정
이후신수 신수이후가제 가제이후국치 국치이후평천하)
앎을 지극히 하는 것은 격물에 있느니라. 격물이 된 후에 앎이
이르고, 그 뒤에 뜻이 성실해지고, 그 뒤에 마음이 바르게 되고,
그 뒤에 몸이 닦이고, 그 뒤에 가정이 가지런해지고, 그 뒤에 나
라가 다스려지고, 그 뒤에 천하에 가르침을 펼치게 되느니라.

《대학》, 경문

천하에 성인의 큰 뜻을 펴는 일의 시작이 '격물(格物)'이다. 그 뜻은 사물의 이치를 끝까지 궁구해 가는 것이다. 따라서 '격(格)'은 '궁구하는 것, 연구하는 것'이다. 어떤 사물이나 현상, 도덕적 원리에 대해 그냥 대충 흘리는 것이 아니다. 끝까지 파고들어 가 보는 것이다. 앞에서 품격의 사전적 의미가 심심하니 본래의 뜻을 밝히기 위해 파고 들어간 것도 일종의 격물이다.

인류의 역사는 격물하는 사람들이 이끌어 왔다고 해도 과언이 아니다. 누군가는 자연 현상에 대해, 누군가는 신에 대해, 누군가는 인간 역사에 대해, 누군가는 인간이 어떻게 살아가야 하는지, 미덕에 대해 끈질기게 질문을 던졌다.

어떤 미덕에 대해서 끈덕지게 물어 가는 모습. 누가 떠오르지 않는가? 그렇다. 소크라테스다. 소크라테스야말로 격물을 실천한 대표적인 철학자다. 철학을 하는 방법에 대해서 본보기를 보였다. 그는 왜 격물을 해야만 했을까? 바로 잡을 것이 많았기 때문이다.

아테네 시민들이 스스로 정의, 용기, 우정 같은 미덕을 잘 안다고 '착각'하고 있었기 때문에 그것을 바로잡기 위해 격물한 것이다. 그렇게 보면 격에는 '바로잡는다'는 뜻도 있다.

《주역》과 《대학》을 참고한다면 품격은 '인간이 궁구하고 바로잡아야 할, 인간으로서의 본질적인 가치'라고 할 수 있다. 배부르기 위해 무슨 짓이든 하는 돼지가 아닌, 인간으로서 살 만한 삶을 살아가는 소크라테스가 더 품격 있다. 정의가 조금 장황해지긴 했지만, 사전의 정의보다는 좀 더 깊어진 것 같다.

불이익에도 굴복하지 않았던 소크라테스의 품격

앞에서 언급한 호텔 진상남은 품격이 바닥이다. 왜 그럴까? '인간으로서 본질적인 그 무엇인가'를 바로잡지 못하고 있기 때문이다. 올바른 인간이라면 자기가 조금 손해 보는 상황에서 평정심을 잃지 않을 것이다.

하지만 그는 분노라는 감정에 빠져 헤어 나오지 못했다. 품격 있는 사람은 다른 사람들을 배려한다. 그는 자기가 소리 지르며 화를 내면 주변 사람들이 불편할 것을 몰랐을까? 몰랐다면 심각한 문제다. 공감 능력이 없기 때문이다.

알았다면 더 심각한 문제다. 남들이 불편하건 말건 내 성질만 부린 꼴이기 때문이다. 소리를 크게 지르고 주변 사람들이 얼어붙으면 마치 그 상황을 자기가 지배하는 것과 같은 착각에 빠진다. 통제 욕구, 권력 욕구의 발현이다. 품격이 없다.

호텔 진상남의 반대편에 소크라테스가 있다. 그는 고상한 척하거나 점잔 떨지 않고 소탈하면서도 인간다운 품격을 유지했다. 소

꽃에는 향기가 있듯 사람에게는 품격이 있다.
시들지 않은 꽃에서 향기가 나듯
사람도 인간으로서
가치 있게 살아갈 때 품격이 깊다.

크라테스는 어떤 생각으로 품격을 지켰는지 살펴 보자.

"크리톤, 곧 죽어야 한다고 내 나이에 화를 내는 건 적절하지
못할 것이네."

플라톤, 《크리톤》

소크라테스는 사형 집행을 앞둔 감옥에서 자기를 찾아온 크리
톤에게 평온한 모습을 보였다. '잘못된 판결로 인한 죽음'이라는
불이익과 고통 앞에서도 평정심을 지켰다면 어떤 상황에서도 중
심을 잃지 않았을 것이다. 그의 평정심은 정확한 앎에서 나왔다.
비록 그는 자신이 무지하다고 말하고 다녔지만, 사실 수많은
인간 문제에 대해 깊이 검증한 뒤에 두려워할 것이 없다는 깨달음
을 얻었기 때문에 그럴 수 있었다. 앞서 말한 것처럼 소크라테스
는 죽음에 대해 스스로 정의를 했기 때문에 죽음을 예사롭게 받아
들였다. 죽음도 받아들이는데 자잘한 불이익에는 결코 미동도 하
지 않았다.

"그는 종종 가게에서 파는 많은 물건을 보면서 "나에겐 얼마나
많은 게 필요하지 않은 것일까?"라고 중얼거리곤 했다."

디오게네스 라에르티오스, 《고대 그리스 철학자 생활과 의견 및 저작 목록》

"가진 재산이 적은 사람 중에서 어떤 이는 그것으로 만족하고 저축까지 하지만 누군가에게는 그보다 많은 재산도 충분치 않다는 걸 보지 못했단 말인가?"

크세노폰, 《소크라테스 회상록》

소크라테스를 따르던 유력 정치가 알키비아데스는 스승에게 살 집을 지으라고 땅을 줬다. 하지만 소크라테스는 그것을 받으면 얼마나 우스워지겠냐고 하면서 받지 않았다. 그는 소피스트와는 달리 수업료를 단 한 푼도 받지 않고 시민들과 대화했다. 그는 자신이 남에게 돈을 받지 않기 때문에 노예가 되지 않고 자유롭다고 생각했다.

그렇다면 인간은 왜 품격 떨어지는 행동을 할까? 이익을 얻고 불이익을 피하기 위해서다. 작은 이익이나 편리를 위해 의로움이나 고상함을 잃는다. 조금 더 파고 들어가 보자.

인간은 왜 그토록 이익을 추구하는가? 몸뚱이 때문이다. 몸을 유지하고 생존하기 위해서다. '생존을 위해서라면 무슨 짓이든 하겠다'는 결연한 구석기 시대의 본능이 우리를 놓아주지 않기 때문이다.

언제 무슨 일이 일어날지 모르는 약육강식의 세계에서 의로움을 추구하다가는 까딱하면 죽는 수가 있다. 몸을 유지하기 위해,

오래 살기 위해, 죽기 싫어서, 나를 보호하기 위해, 편하게 살려고, 제 성질을 이기지 못해 격 떨어지는 선택을 하는 존재가 인간이다. 사람들은 조금이라도 이익을 얻으려 하고 불이익과 불편함을 참아 내지 못한다.

> "먼저 분별력을 가지게. 분별력 없이 다른 능력만 가진다면 불의를 더 거리낌 없이 저지를 능력만 커질 것이네."
>
> 크세노폰, 《소크라테스 회상록》

눈앞의 이익을 얻거나 불이익을 피하는 것이 당장은 좋아 보일 수 있다. 하지만 그 때문에 손상되는 내 자존감과 수치스러움은 어떻게 할 것인가? 소크라테스는 정말로 좋은 것이 무엇인지 알았다. 그래서 분별력이 있어야 한다고 말했다. 미덕을 추구하는 인간, 탁월함을 추구하는 인간이야말로 정말로 자기에게 이익이 되는 행동을 하는 것이다.

한 사람의 품격은 '고통을 어떻게 대하는지? 이익 앞에서 어떻게 행동하는지?'를 보면 알 수 있다. 욕망을 절제하고, 필요하다면 고통스러운 길이라도 감내할 수 있는 인간의 정신이 품격이다.

소크라테스는 고통 앞에서도 이익 앞에서도 초연했다. 품격 있고 탁월한 인간이었다. 이 모든 것은 진짜 앎에서 가능했다. 자기가 아는 것이 없다는 것에서 시작하여 격물을 실천하고 자기 나름의 단단한 철학을 정립했기에 가능했다.

품격을 지키는 인간에게는 이익을 얻거나 고통을 피하는 것보다 자기 품격을 손상당하지 않는 것이 의미 있다. 자기 품격이 훼손된다면 아무리 육체적, 정신적 쾌락을 누린다고 하더라도 진정한 행복을 느낄 수 없다. 소크라테스는 품격이 훼손된 삶을 살 만한 삶이 아니라고 말했다.

마흔, 인생의 새로운 시작점이다. 살 만한 삶, 품격 있는 삶을 살아야 하지 않겠는가?

당장의 이익과 감정으로 행동하지 마라.
품격은 절제와 인내에서 나온다.

21

악행은 타인보다
자신에게 더 큰 상처를 입힌다

| 정의 |

"난 죽음에는 눈곱만큼도 관심이 없지만,
불의하고 불경한 어떤 일도 저지르지 않는 데는
온통 관심을 쏟고 있습니다.

플라톤, 《소크라테스의 변명》

天網恢恢 疎而不失 (천망회회 소이불실)

하늘의 그물은 넓고도 넓다. 성기면서도 놓치는 것이 없다.

노자, 《도덕경》

노자의 《도덕경》에는 '천망(天網)'이라는 말이 나온다. 문자적인 뜻은 하늘의 그물이다. 하늘의 그물은 그 코가 성기다. 구멍이 송송 뚫려서 걸리지 않고 다 빠져나갈 것만 같다.

하지만 하늘의 이치는 그리 허술하지 않다. 인간이 아무리 발버둥 치더라도 결국 각자의 행동에 따라 이치에 맞게 합당한 결과를 맺는다. 성겨 보이지만, 세상 이치는 순리대로 돌아가니 양심적으로 정의롭게 살아야 한다. 우리는 그렇게 배워 왔고 그랬으면 좋겠다고 믿고 있다.

'인과응보', '사필귀정'. 사람들은 자신이나 남이 한 행동에 대해 올바른 결과를 얻기를 바란다. 성실하게 노력했다면 그에 응당한 보상을 원하고, 좋은 일을 했다면 그에 상응하는 좋은 결과를 얻기를 바란다. 반면 나쁜 짓을 했다면 그에 맞는 죗값을 받는 게 당연하다고 여긴다. 사회에서 이런 시스템이 잘 구축되고 법이 그런 '정의로운' 결과를 보장해 주기를 바란다.

하지만 현실은 어떤가? 천인공노할 흉악한 범죄를 저지른 범죄자들이 '심신미약'이라는 사유로 가벼운 형을 받고 몇 년 뒤에 사회에 복귀한다. 상대에게 평생 지울 수 없는 상처를 준 사람들이 그 어떤 사죄도 하지 않고 고개를 빳빳이 들고 살아간다.

오히려 피해자가 세상에 이래저래 상처받는다. 묻지 마 폭행, 살인, 성범죄, 학교 폭력 등의 가해자에게 솜방망이 처벌을 하는 사례는 너무 많아 언급하기 힘들 정도다.

통쾌하지만
불편한 이야기

동명의 웹툰을 원작으로 제작된 〈비질란테〉라는 드라마에는 천망을 자기 손으로 실천하는 주인공이 나온다. 모범적인 경찰대생인 주인공은 어릴 적 동네 건달의 구타로 어머니를 잃는다. 하지만 상대 범죄자는 몇 년 만에 풀려나와 건달 짓을 계속하고 다닌다.

스스로 법을 집행하기로 결심한 주인공. 어머니를 살해한 건달을 응징하는 것을 시작으로, 법이 합당하게 심판해 주지 않은 자들을 찾아다니며 '합당해 보이는' 형벌을 집행한다. 스스로 비질란테(Vigilante, 자경단), 다크 히어로가 된 것이다.

"법은 구멍이 나 있다. 내가 그 구멍을 메운다. 널 풀어 준 법을 원망해라."

사이다같이 시원한 멘트다. 법이 제대로 처벌하지 못한 범죄자들을 속 시원하게 처단해 주는 비질란테의 모습에서 대중들은 대리 만족을 얻는다. 사람들은 법이 정의롭고 평등하게 적용되지 않는다고 생각한다. 돈과 권력이 있는 자들은 법망을 교묘히 빠져나간다고, 대형 로펌을 고용하면 질 재판도 이긴다고 생각한다.

하지만 구멍 난 법을 대신해 개인적으로 법을 집행하는 것이 과연 정의일까? 또 다른 범죄는 아닐까? 사법 체제 자체에 대한 불신을 조장하는 것은 아닐까?

〈비질란테〉를 보면서 한편으로는 시원함을 느끼지만, 다른 한편으로는 무언가 불편함이 있다. 이 불편함의 실체는 무엇일까? '정의를 실현하기 위해 정의롭지 않은 수단을 사용하는 것', '정의를 집행하는 주인공이 점점 괴물이 되어 가는 것', '사회의 시스템을 부정하고 사적인 제재를 가하는 것'과 같은 사실이 아닐까?

이 불편함을 파고들면 소크라테스를 만날 수 있다. 소크라테스가 오늘날 우리 옆에 앉아서 〈비질란테〉 드라마를 본다면 어떤 반응일까?

"누구나 정의롭지 않은 일을 해서는 안 되며 그런 일을 당하더라도 대다수가 생각하듯, 보복으로 정의롭지 못한 짓을 해서도 안 되네. 그런 행동은 결코 해서는 안 되기 때문이네. (…) 어떤 사람에게든 보복으로 정의롭지 못한 행동이나 해로운 짓을 해서는 안 되네. 자기가 무슨 해를 입든 말이네."

플라톤, 《크리톤》

아마도 소크라테스는 십중팔구 이렇게 말했을 것이다. 단호한 어조로 "비질란테를 원하는 세상은 정의롭지 않은 것이네"라고 말이다.

정의 실현의
방법

소크라테스는 누가 봐도 가혹한 판결을 받았다. 충분히 자신의 죄목에 대해 성공적으로 변론했음에도 아테네 시민들의 감정을 건드려 다수결로 사형을 선고받았다. 친구 크리톤은 소크라테스의 제자들과 함께 그에게 탈옥을 권유했다. 이 도시 국가의 시스템 자체가 잘못됐으니 조금 어기는 것이야 큰 문제가 아니었다.

우선 소크라테스의 목숨부터 구해야 한다는 판단이었다. 당시 도시 국가 간의 망명은 흔했다. 그리 이상한 선택이 아니었고, 소크라테스의 명성이라면 어느 폴리스에 가서 살든 소피스트들처럼 변론술을 가르치면서 여생을 보낼 수 있을 터였다.

나에게 플라톤의 수많은 대화편 중에 딱 한 권만 추천해 달라고 한다면 《크리톤》을 추천한다. 짧은 글이지만, 소크라테스의 정의에 관한 생각을 잘 드러내 주는 대화편이다.

《크리톤》은 처음에는 소크라테스를 탈옥시키려는 열정에 불타 어떻게 해서든 친구를 감옥에서 꺼내려고 한다. 하지만 곧 소크라테스에게 설복당해 결국은 '그래, 자네가 이곳에서 죽는 것이 올바른 선택이네'라고 백기를 들고 만다. 이 과정에서 소크라테스는 어떤 억지도 쓰지 않는다. 평소대로 친구와 대화하면서 그의 완벽한 동의를 얻어 낸다. 결론은 죽음. 그 죽음은 철학적인, 역사적인 죽음이었고 정의를 지킨 죽음이었다.

《크리톤》속으로 들어가 보자. 어두운 새벽녘, 크리톤이 교도
관과의 친분을 이용해 소크라테스가 갇혀 있는 감옥에 소크라테
스의 몇몇 제자와 함께 들어온다. 다음 날이면 소크라테스의 사형
이 집행될 터. 크리톤은 무거운 마음으로 감옥문을 열었다.

그런데 소크라테스는 평온하게 잠을 자고 있다. 크리톤은 평생
소크라테스를 보면서 그가 참 행복한 사람이라고 생각했지만, 사
형 선고를 받고도 걱정에 뒤척거리기는커녕 달디달게 자는 모습
을 보니 놀랍다. '역시 이 친구는 보통 인물이 아니야'라고 크리톤
은 생각했다.

크리톤은 소크라테스에게 일곱 가지 이유로 탈옥해야 한다고
설득한다.

① 자네가 여기서 죽으면 나(크리톤)는 다시 찾을 수 없을 소중
    한 친구를 잃는 것이다.
② 나는 돈이 많은데, 내가 돈을 써서 자네를 구하지 않는다면
    친구보다 돈을 중요하게 생각한다는 부끄러운 평판을 얻게
    될 것이다.
③ 나 이외에 다른 친구들의 재산에 대해서도 걱정할 필요 없다.
④ 다른 폴리스에 가더라도 많은 곳에서 사람들이 자네를 반길

것이다.

⑤ 자신을 구할 수 있는데도 포기한다는 것은 정의롭지 못하다.

⑥ 여기서 죽으면 아들들을 버리는 것이다. 자식을 낳았으면 그들을 양육하고 교육하면서 함께 고난을 견뎌야 한다.

⑦ 자네의 친구들이 용기가 없어서 자네가 죽게 된 것이라 사람들이 생각하지나 않을까 부끄럽다.

꽤 설득력이 있다. 소중한 친구들의 명예나 평판, 남겨질 자식들을 생각하면 굳이 죽지 않을 수 있는 길이 있는데 죽을 이유가 없다. 어지간한 사람은 혹할 만하다. 하지만 소크라테스가 누군가? 결코 호락호락 넘어갈 인물이 아니다.

"나는 언제나 추론해 보고 내게 가장 좋은 것이라고 여겨지는 원칙 외에 다른 어떤 것에도 따르지 않는 사람이네. 그러니 나에게 이런 운명이 닥쳤다고 해서 이전에 말한 원칙을 버릴 수는 없다네. 만약 이전 원칙보다 더 좋은 것을 제시할 수 없다면, 자네에게 동의하지 않을 것이네."

플라톤, 《크리톤》

소크라테스는 삶을 아무 생각 없이 그저 흘러가는 대로 살지 않았다. 스스로 생각해 보고 가장 옳다고 판단한 원칙을 따랐다.

그 원칙을 따르기 위해 죽음이 눈앞에 다가와도 꿈쩍도 하지 않았다. 그렇다고 하나의 원칙만 고수하는 답답한 원칙주의자는 아니었다. 만약 더 좋은 원칙이 있다면 새로운 것을 따를 준비가 된 열린 사고의 소유자였다.

소크라테스의 원칙에 따르면 탈옥은 정당하지 않다. 이제 크리톤은 그 원칙보다 더 좋은 원칙을 제시해 탈옥이 정당하다는 점을 설득해야 한다. 하지만 소크라테스의 원칙에 "그렇네"라는 대답만 반복하다가 결국 설득당하고 만다. 소크라테스가 제시하는 주요 원칙은 아래와 같다.

① 분별 있는 전문가들의 판단에는 주의를 기울여야 하지만, 그렇지 않은 판단에는 그렇게 해서는 안 된다.
② 훌륭하게 사는 것을 중요하게 생각해야 한다. 훌륭하게 산다는 것은 정의롭게 사는 것과 같다.
③ 어떠한 경우라도 결코 정의롭지 못한 행동을 해서는 안 된다.
④ 정의롭지 않은 짓을 당하더라도 불의한 보복을 해서는 안 된다.
⑤ 남에게 해를 끼쳐서는 안 된다. 내가 해를 입더라도 보복으로 해를 끼쳐서는 안 된다.
⑥ 타인과 합의한 것이 정의롭다면, 그것을 이행해야만 한다.

"모든 판단을 존중할 게 아니라 어떤 판단은 존중하되, 어떤 판단은 그리해선 안 되고, 모든 사람의 판단을 존중할 게 아니라 어떤 사람의 판단은 존중하되, 어떤 사람의 판단은 그리해서는 안 된다네. 우리는 다수의 사람이 우리에 대해 뭐라고 하든 크게 주목할 게 아니라, 정의에 대해 전문 지식을 가진 한 사람과 진리 자체가 뭐라고 할 것인지에 주목해야 하네."

플라톤,《크리톤》

소크라테스는 먼저 다수의 판단, 즉 평판에 크게 신경 쓸 필요가 없다고 말한다. 그에게 남들의 평판은 고려 대상이 아니었다. '가장 현명한 자'라는 신탁을 실천하기 위해 아테네 시민들을 만나고 다닐 때 그는 희극에서 조롱의 대상이었다.

물론 그는 눈 하나 깜빡하지 않았다. 왜냐하면 자기에 대해 이러쿵저러쿵 떠드는 사람들이 미덕에 대한 전문가가 아니었기 때문이다. ① 원칙에 따라 분별 있는 전문가가 아닌 사람들의 판단에는 주의를 기울이지 않았다. 이 점에 대해서는 뒤에 '용기'에 대해 다룬 부분에서 다시 살펴보겠다.

하지만 다수의 사람에 전혀 주의를 기울이지 않는 것은 현실적으로 문제가 있다. 민주정 체제에서 다수는 힘이 세다. 그들은 개인에게 사형으로 목숨을 빼앗는 것과 같은 가장 큰 해를 줄 수 있다. 어떻게 할 것인가? 그래도 다수의 평판에 귀를 닫을 것인가?

이런 문제 제기에 소크라테스는 ② 원칙으로 대응한다. 사는 게 아니라 훌륭하게 사는 것이 중요하기 때문에 다수에 의해 목숨을 잃더라도 훌륭한 삶, 탁월한 삶을 선택해야 한다. 훌륭하게 산다는 것은 부끄럽지 않은 것, 아름답게 사는 것, 정의롭게 사는 것이다. 크리톤은 이런 소크라테스의 원칙에 동의할 수밖에 없다.

①, ② 원칙을 따른다면 이제 문제는 '과연 탈옥이 정의로운가?'가 된다. 그렇다면 정의란 무엇인지 고찰해 봐야 하는데, 소크라테스는 크리톤과 대화하면서 ③부터 ⑥까지의 원칙을 확립한다.

여기서 당시 아테네인들의 정의관과 다른 부분이 '보복을 해도 되느냐, 그렇지 않느냐'의 문제다. 다수가 말하는 정의는 자기에게 해를 입힌 사람에게는 앙갚음하는 것이다. 소크라테스는 이런 보복적인 정의관을 거부한다.

소크라테스는 자기 원칙 따라 탈옥은 세 가지 이유로 정의롭지 않다고 봤다.

첫 번째, 탈옥은 법률과 국가의 파멸을 일으킨다.

한 나라에서 법률에 따른 판결이 효력이 없다면 체제가 유지되기 힘들다. 이것은 국가와 법률을 해롭게 하는 것이다. 남을 해롭게 하지 말라는(여기서 '남'은 의인화된 국가와 법률이다) ⑤ 원칙에 위배된다.

두 번째, 탈옥은 국가에 대한 보복과 같다.

국가에 의해 양육되고 교육받은 시민은 국가의 명령을 이행해야 하는데, 그렇게 하지 않는 것은 국가와 법률에 대한 앙갚음과 같다는 것이다. ③, ⑤ 원칙에 위배된다.

세 번째, 탈옥은 국가와 소크라테스 사이의 계약과 합의를 파기하는 것이다.

만약 소크라테스 자신이 아테네의 법률과 제도에 동의하지 않는다면 이민을 가거나 추방형을 받아들여야 했다. 하지만 소크라테는 자발적으로 모든 제도에 동의했다. 따라서 이것을 어긴다는 것은 정의롭지 않은 것이다. ⑥ 원칙에 위배된다.

소크라테스는 '악법도 법이다'라는 말은 하지 않았다. 누군가가 《크리톤》을 읽고 그런 말을 만들어 냈을 것이다. 소크라테스는 만약 국가와 법률이 악하다면 먼저 그것에 대해 국가를 설득하거나, 그렇지 않으면 떠나야 한다고 봤다. 떠나지 않고 있다면 동의한 것이고 그렇다면 법을 따라야 한다. 그렇게 하지 않고 너도나도 비질란테가 돼 버리면 국가 체제가 혼란해진다.

물론 현실적으로 언제든 이민 갈 수 있을 만큼 돈이 많고 각 국가의 법률을 잘 비교할 수 있을 만한 식견이 있어야 가능한 일이다. 하지만 원칙적으로는 어느 정도 수긍이 가는 주장이다.

"정의롭지 않은 것에는 손상되고 정의로운 것에는 이로움을 얻는 우리의 혼이 파괴됐을 경우에는 우리의 삶이 살 만한 가 치가 있을까?"

플라톤, 《크리톤》

소크라테스는 자신의 탈옥으로 그간 자신이 지켜 왔던 아테네의 체제와 법률이 무너지는 것을 용납할 수 없었다. 그는 국가와 법률이 자신에게 끼친 해에 대해 보복하지 않았다.

당신이 드라마 〈비질란테〉의 주인공이라고 생각해 보라. 복수심, 폭력에 물들어 혼란해지지 않겠는가? 소크라테스를 따른다면 작은 정의를 위해 더 큰 정의를 무너뜨리는 우를 범하지 않을 것이다.

작은 불의도 참지 못하고 보복하려 하는가?
당신을 화나게 했던 행동을 다른 이에게 행하지 말라.

22

인생에서 무엇을
해야 하는지 알아야 한다

| 용기 |

"용기란 두려워할 것과
두려워하지 말아야 할 것을 아는 지식이다."

플라톤, 《라케스》

하루는 외출할 일이 있어서 차로 향했다. 그런데 차 지붕 위에서 새끼손가락 크기의 사마귀 한 마리가 나를 노려보고 있는 것이 아닌가!

설마 저 조그마한 녀석이 나를 공격할까 싶어 별스럽지 않게 운전석 문을 열고 들어가려는데 이 녀석이 도망을 가지 않는다.

어이가 없어서 손을 휘휘 저었는데도 꿈쩍을 하지 않는다. 사마귀와 기 싸움을 할 것도 아니고 차를 타고 시동을 걸었다. 사마귀는 아마 차가 움직이고 나서야 바람에 쓸려 가지 않았을까 싶다.

이 사마귀를 보면서 '당랑거철(螳螂拒轍)'의 고사가 생각났다. 제나라 장공이 사냥을 가려고 길을 나섰는데 사마귀 한 마리가 무시무시한 앞발을 들고 왕의 수레를 막아섰다. 장공이 '저 녀석이 뭐냐'고 물으니 부하가 사마귀라고 하면서 이렇게 말했다.

"저 벌레는 앞으로 나아갈 줄만 알고 뒤로 물러설 줄 모르는 미물입니다. 제 힘이 어느 정도인지도 모르고 덤벼들기만 하는 놈입니다."

장공은 '만약 저 사마귀가 사람이었다면 용맹한 무사가 되었을 것'이라고 평했다. 하지만 정말 그럴까? 앞뒤를 가리지 않고 전진만 하면 몸을 상하기 쉽다. 사마귀의 성정을 가진 사람이 무사의 길을 갔다면 하찮은 일에도 칼을 뽑아 들고 날뛰다 아마 이름을 날리기도 전에 비명횡사했을 것이다.

이 발칙한 사마귀 녀석은 《장자》에도 등장한다. 《장자》의 〈인간세〉에는 위나라 대부 거백옥이 영공의 태자의 사부로 가게 된 노나라 안합에게 충고하는 말이 나온다. 요지는 사마귀가 앞뒤 가리지 않고 제 용기를 뽐내듯 자기 장점을 자꾸 자랑하면 위태롭다는 것이다.

汝不知夫螳螂乎 怒其臂以當車轍 不知其不勝任也 (여부지
부당랑호 노기비이당거철 부지기불승임야)
당신은 저 사마귀란 놈을 모릅니까? 그놈이 화를 내면 팔을 벌
려서 마차를 막으려 듭니다. 제가 당해 내지 못할 것을 알지 못
하는 것이지요.

《장자》, 〈인간세〉

사마귀와 같이 전진하는 용기. 일견 부럽긴 하다. 저돌적이고
추진력 있다. 누가 뭐라고 해도 돌아보지 않는다. 수틀리면 내가
죽더라도 한번 붙어 보겠다는 꺾이지 않는 정신이다. 첫사랑의 마
음을 얻기 위해 앞만 보고 달려가던 10대, 20대 시절을 생각해 보
라. 신중하지 않고 설익었지만, 가슴이 불같이 타오르는 용기.

이런 돌직구형 용기는 10대, 20대의 만용이다. 수많은 좌절과
실패의 경험을 맛본 40대는 조심스럽다. 직장에서는 상사의 의
중을 헤아려야 하고, 집에서는 가족들 눈치를 보기 바쁘다.

학원에 데려다주면서 이어폰을 꽂고 있는 사춘기 아이에게 말
한마디 잘못 붙였다가는 핀잔과 함께 '센스 없다. 꼰대다'라는 말
을 듣기 십상이다. 명절이면 가족들 사이에서 아슬아슬한 줄타기
를 해야 한다.

세상에 내 심정을 알아주는 사람은 아무도 없는 것 같고, 나만 남들 비위를 맞추고 사는 것 같다. 사마귀는커녕 생태계 피라미드 최하위 생명체가 된 기분이다. 가끔은, 아니, 거의 항상 집에서 기르는 강아지나 고양이보다 서열이 낮은 것 같다. 술 마실 때면 세상을 다 가진 것 같다가도 아내한테 등짝 스매싱을 맞으면 조금 피어났던 용기도 숙취와 함께 날아가 버린다.

"두려움에 잘 대처하는 사람이 용감한 사람이고, 이에 실수하는 사람은 겁쟁이다."

크세노폰, 《소크라테스 회상록》

용기는 두려움이 아예 없는 것이 아니다. 수레를 막아서는 사마귀는 용감한 것이 아니라 멍청해서 두려움이 없는 것일 뿐이다. 사마귀처럼 세상 물정 모르고 날뛰다가는 제대로 정 맞기 십상이다. 두려워할 것은 두려워해야 한다. 그리고 그것에 잘 대처해야 한다. 용기는 아무런 두려움이 없는 게 아니라 두려워할 것과 그렇지 않은 것을 구분하는 것이다.

우리는 무엇을 두려워하고 무엇은 두려워하지 말아야 할까? 소크라테스는 인간의 탁월함을 위해 여러 가지 미덕 중에서 용기에 대해서도 숙고했다. 그가 무엇을 두려워하고 두려워하지 않는지 참고한다면, 당신이 용기에 대해 정의하는 데 도움이 될 것이다.

소크라테스가
두려워하지 않은 것

"당나귀 발에 차였다고 생각해 보게. 그 당나귀를 비난할 것
인가?"

디오게네스 라에르티오스, 《고대 그리스 철학자의 생활과 의견 및 저작 목록》

"왜 다수의 판단에 그렇게 신경을 쓰는가? 훌륭한 사람들은 우
리가 한 일을 실제 있었던 대로 생각할 텐데 말이야."

플라톤, 《크리톤》

당나귀는 이솝 우화에 조금은 멍청한 동물로 자주 등장해 친숙
한 동물이다. 사실 당나귀는 똑똑한 동물로 알려진 말보다도 더 영
리한 동물이다. 하지만 고집이 세서 남의 말을 잘 듣지 않는다. 당
나귀는 평소에 다니던 길로만 다니고 새로운 길은 가지 않으려고
한다. 현실적이고 안정 지향적이면서도 새로운 사상이나 깨달음
에 귀를 닫고 살던 대로 살려고 하는 배부른 돼지의 특징이 있다.

당나귀는 똑똑하지만 지나치게 계산적이다. 나관중의 《삼국
지》에 보면 유비가 자기를 해치려는 채모의 계략에 빠져 쫓기다
가 적로(的盧)라는 말을 타고 단계(丹溪)라는 물살이 거친 강을
건너는 장면이 나온다. 실제로 말은 절벽에서라도 주인이 뛰라고
하면 주인을 믿고 뛰어내린다.

하지만 당나귀는 셈이 빠르다. '이거, 내가 다칠 것 같은데'라는 생각이 들면 멈춘다. 정의로운 사람은 명분이 있으면 죽음도 불사하지만, 머릿속에서 계산기를 두드리는 사람은 이익 앞에서 멈칫한다.

비난받기 일인자 소크라테스는 남의 평판을 두려워하지 않았다. 그는 낮은 의식 수준에서 자신을 비난하는 사람들을 당나귀와 같은 속성을 가진 자들로 본 것은 아닐까? 탁월한 삶의 길을 제시해도 귀를 닫고, 현실적인 이익만을 추구하는 당나귀처럼 말이다.

그렇다고 소크라테스가 남들이 자기를 평가하는 내용 자체를 완전히 무시한 것은 아니었다. 그는 자신을 향한 비판이 정당하다면 바뀌도록 노력하겠지만, 허튼소리라면 신경 쓰지 않겠다는 생각이었다. 남들이 자신을 비판하는 내용은 하나하나 새겼다. 심지어 자기를 조롱하는 연극을 구경하며 함께 웃기도 했다.

"거짓 명성은 검증해 보면 곧바로 드러난다네."

크세노폰, 《향연》

나는 원래 텔레비전 시청을 즐겼었다. 아이를 낳고 키우면서 책 보는 분위기를 만들고자 텔레비전을 다락방으로 치워 버렸다. 하지만 OTT로라도 꼭 챙겨 보는 프로그램이 있다. 바로 〈복면가

왕)이다. 〈복면가왕〉을 즐겨 보는 이유는 두 가지다. 하나는 음악을 아주 좋아하기 때문이고, 또 다른 이유는 '계급장 떼고' 실력으로만 경쟁하는 콘셉트 자체가 좋아서다.

〈복면가왕〉에서 출연자들은 복면을 쓰고 정체를 숨긴 채 오직 노래 실력으로만 승부한다. 가요계 데뷔 30년 차 대 선배 가수도, 1년 차 아이돌도 동등한 대우를 받으며 노래한다. 평가는 냉정하다. 연예인 판정단과 일반인 판정단들의 99표 중 1표라도 더 받은 사람이 승리하는 방식이다. 가수의 본질은 노래 실력이다.

공공 기관이나 기업, 도서관 등의 초청으로 강의를 하러 가면 사회자 분께서 내 소개를 해 주신다. '아레테인문아카데미 대표이시고, 무슨 책을 쓰셨고, 몇 년째 인문학 강의를 하고 계신⋯'이라는 수식어가 붙는다. 강사인 나에 대해 알아보시고 잘 소개해 주시는 것에 감사하다.

하지만 그런 수식어 때문에 나에게 어떤 권위가 씌워지는 것은 조금 불편한 것이 사실이다. 강사는 그저 강의의 질과 청중과의 소통 역량으로 평가받는 것이 자연스럽다고 생각하기 때문이다.

소크라테스는 항상 본질을 봤다. 그는 명성 있는 사람들을 찾아다녔다. 그들 앞에 붙는 미사여구에, 타이틀에 결코 주눅 들지 않았다. 그는 당대 최고의 소피스트였던 프로타고라스가 되었든,

최고의 권력자가 되었든, 그 누구라도 동등하게 대했다. 계급장을 떼고 전기가오리 공격을 했다. 헛된 명성만 있는 사람인지, 정말로 모든 문제에 진지하게 숙고하는 사람인지는 몇 마디 해보면 금방 드러났다.

소크라테스가 권력이나 명성에 주눅 들지 않았던 것은 참주정권과의 관계에서도 알 수 있다. 앞서 몇 차례 언급했듯이, 크리티아스는 한때 소크라테스의 제자였다. 그는 30인 참주의 우두머리로 8개월간 아테네를 공포에 빠뜨렸다.

이 당시 그는 아테네 최고의 권력자였다. 권력을 잡은 크리티아스에게 소크라테스는 골칫거리였다. 옛 스승은 공포 정치하에서도 이전과 같이 젊은이들을 만나고 다니며 정의를 비롯한 미덕을 논하며 입바른 말을 하고 있었다.

결국 소크라테스는 30인 과두정에 소환됐다. 크리티아스는 소크라테스에게 젊은이들과의 대화를 당장 그만두라고 하며 온갖 협박을 했다. 소크라테스는 당연히 거부했다. 아무리 예전에 제자였다고 해도 크리티아스는 언제든 소크라테스를 사형시킬 수 있는 권한이 있었다.

"쓸 만한 가치 있는 사람이라면 자기가 하는 일이 '정의로운가, 불의한가', '훌륭한 사람의 행동인가, 형편없는 사람의 행동인가'만을 따져야지 '죽느냐, 사느냐'의 위험을 계산에 넣어서는 안 됩니다."

플라톤,《소크라테스의 변명》

세상에서 가장 무서운 사람이 누구일까? 바로 죽음을 두려워하지 않는 사람이다. 그런 사람은 굴복시킬 수가 없다. 소크라테스는 다수의 판단과 평판, 상대방의 명성과 권력을 두려워하지 않았다. 정의와 같은 미덕을 실현하기 위해서는 목숨을 잃을지도 모른다는 것조차 계산하지 않았다. 소크라테스가 용기를 낼 때는 수레를 막아서는 사마귀 이상의 저돌적인 면이 있었다. 그런데 그도 두려워한 것이 있었다.

소크라테스는 무엇을 두려워했을까

"여러분, 내 아들놈들이 꽃다운 나이가 되면 내가 여러분을 괴롭혔던 것처럼 그들을 괴롭혀 주시오. 내 아들들이 덕보다 우선하여 돈이나 다른 뭔가를 돌본다면 말입니다. 그리고 돌봐야 할 것(영혼, 내면)을 돌보지 않고 아무런 가치가 없으면서 스스로 잘났다고 생각한다면 그들을 꾸짖어 주십시오."

플라톤,《소크라테스의 변명》

용기 있는 자는 '죽느냐, 사느냐'가 아닌
'정의로운가, 아닌가'를 먼저 생각한다.

소크라테스는 죽음을 선고받고 최후 변론에서 아테네 시민들에게 아들들을 잘 돌봐 달라고 부탁한다. 그런데 그 내용은 아들들이 엇나가면 제발 좀 괴롭히고 꾸짖어 달라는 것이다. 자기의 내면을 돌보거나 덕을 추구하지도 않으면서 제가 뭐라도 된 것처럼 군다면 가만히 놔두지 말라는 것이다. 그는 아들들이 올바른 인간의 길을 가지 않는 것, 돈만 좇으면서 배부른 돼지가 되려는 것을 두려워했다.

> "대리석상을 만드는 사람들이 대리석으로는 실물인 인간과 할 수 있는 한 비슷하게 만들려고 애쓰면서도 자기 자신에 대해서는 돌과 같은 하찮은 존재로 보이지 않으려고 노력하는 데 게으른 것은 이상한 일이다."
>
> 디오게네스 라에르티오스, 《고대 그리스 철학자의 생활과 의견 및 저작 목록》

소크라테스의 아버지는 석공이었다. 석공은 대리석으로 인간의 모습을 최대한 잘 모사하여 대리석상을 만든다. 돌을 쪼고 깎아내고 다듬는다. 거대한 대리석이 인간이나 신의 형상으로 변해 가는 과정을 상상해 보라.

대단하지 않은가? 석공들의 노력은 탁월한 작품을 위한 멋진 여정이다. 그런 노력을 자신에게 기울이면 어떨까? 소크라테스는 인간이 배부른 돼지가 되지 않기를 원했다. 그는 인간이 인간이라는 탈을 쓴 짐승으로 살지 않기 위해 마치 탁월한 작품을 만들 듯 자신에게 정성을 기울이기를 바랐다.

소크라테스는 영혼의 향상에 힘쓰지 않는 것, 자기 자신을 돌보지 않는 것, 탁월함에 이르지 못하는 것, 내 삶을 꽃피우지 못하는 것을 두려워했다. 그것은 진정한 인간의 삶이 아니기 때문이다. 살 만한 삶, 가치 있는 삶을 살지 못하는 것이야말로 인간으로서 진정으로 두려워해야 할 것이다.

소크라테스는 죽음을 포함한 그 어떤 것도 두려워하지 않았지만, 인간이 탁월함을 포기하고 배부른 돼지가 되는 것을 두려워했다.

당신은 무엇을 두려워하고, 무엇을 두려워하지 않는가?
이것을 확실히 알고 행동으로 옮기는 것이 용기다.

23

그저 살지 말고
바르게 살아라

| 주인 |

"육신의 쾌락에 지배받고, 그 쾌락 때문에 가장 훌륭한 일을 할 수 없는
사람은 자유롭지 않네. 가장 훌륭한 것을 행하는 것은 자유이고
그런 활동을 방해하는 주인을 두는 것은 노예이기 때문이지."

크세노폰, 《소크라테스 회상록》

"나는 평생 감각의 노예였다. 옳은 길에서 엇나가는 데에서 기
쁨을 느꼈고, 내 잘못을 자각하는 것 말고는 아무런 위안도 없
이 계속 실수를 저질렀다."

자코모 카사노바, 《내 삶의 이야기》

자코모 지롤라모 카사노바는 이탈리아의 문학가이자, 100명이 넘는 여성과의 애정 행각으로 유명한 인물이다. 그는 라틴어를 비롯한 그리스어, 프랑스어, 히브리어, 스페인어, 영어 등의 언어와 법, 문학, 신학, 과학 등의 분야에 해박한 지식을 익혔다.

그는 190센티미터가 넘는 키에 외모가 출중했다. 춤이나 카드 게임 같은 사교술에도 뛰어났다. 카사노바는 화려한 언변과 매너를 갖춘 당대의 지식인이자 유명 인사였다.

그런데 문제는 그가 자기의 재능을 엉뚱한 데 썼다는 점이다. 그는 일생을 사기와 도박으로 전전했고, 여성들을 탈선시키며 자기 욕망을 채우는 것을 삶의 목표로 삼았다. 물론 그는 자기 행동을 여성들의 해방을 위한 것이라고 주장했지만 말이다.

카사노바의 말년은 행복했을까? 1789년, 64세에 도서관 사서가 된 그는 나이 들고 쇠약해졌으며 모아 둔 재산도 없었다. 더 이상 매력적이지 않았다. 카사노바는 1789년부터 자서전을 썼다. 자서전을 쓰면서 그가 스스로 행복감을 느꼈는지는 알 수 없다. 하지만 자기 삶을 '실수의 연속'이라고 한 것을 보면 방탕했던 지난날을 떠올리면서 후회했던 것 같다.

2018년 일본에서 한 70대 사업가가 사망했다. 그는 자서전에서 사업을 해서 돈을 버는 이유가 미녀를 만나기 위해서라고 밝혔다. 미녀 4,000명에게 한화로 300억 원 정도의 돈을 썼다고도 말했다.

원 없이 돈을 벌고 욕망을 충족하며 화려하게 살았던 그의 말년은 어땠을까? 그는 나이 차가 55살이 나는 어린 부인과 결혼한 뒤 3개월 만에 죽음을 맞이했다. 두 사람은 자주 다퉜으며, 남편 사후 3년 뒤에 부인은 각성제로 남편을 살해했다는 혐의로 검거됐다. 평생 돈으로 미녀를 얻으려고 했던 이 사업가는 행복했을까?

미국의 인본주의 심리학자 매슬로는 1943년 〈인간 동기의 이론〉이라는 제목의 논문에서 욕구 단계설을 발표했다. 그는 인간의 욕구를 강도와 중요도에 따라서 5단계로 제시했다.

- 1단계 생리적 욕구: 수면, 배설, 성, 음식 등.
- 2단계 안전의 욕구: 육체적, 감정적, 심리적 안전 욕구 등.
- 3단계 소속과 애정의 욕구: 타인과의 유대감, 소속감, 우정 애정 등.
- 4단계 자기 존중의 욕구: 타인에게 인정받고, 스스로 인정하고 싶은 욕구. 자존감, 명예, 존경, 지위에 대한 욕구 등.
- 5단계 자아실현의 욕구: 자신의 잠재력과 역량을 인지하고 실현하려는 욕구.

매슬로는 인간의 욕구에는 마치 피라미드처럼 단계가 있으며, 1단계부터 하위의 욕구가 충족되면서 점점 높은 단계로 성장해

간다고 봤다. 이 이론에는 반박의 여지가 많다. 인간의 욕구는 칼로 두부 자르듯 명확하게 구분하기 힘들다. 또한 문화나 개인적인 특성에 따라서 하위 단계의 욕구가 충족되지 않더라도 상위 단계의 욕구를 추구하는 경우가 허다하다.

예를 들어 세종대왕은 어린 시절 건강을 돌보지 않고 미친 듯이 책을 읽었다. 학문을 연구하고 싶다는 욕구가 수면욕을 이긴 것이다. 1단계 생리적 욕구를 초월해 5단계 자아실현을 추구한 것으로 볼 수 있다. 아버지 태종이 아들의 건강을 염려해 모든 책을 다 치워 버리게 했을 정도였다. 세자는 병석에서도 《구소수간》을 탐독했다고 전해진다. 그러나 매슬로가 인간의 욕구를 간단명료하게 단계별로 구분하여 제시했다는 점에서 그의 주장은 충분히 참고할 만한 이론이다.

앞서 언급한 카사노바나 일본의 사업가는 1단계 욕구인 생리적 욕구에 지나치게 집착했다. 물론 생리적 욕구는 생존을 위해 아주 중요한, 필수적인 욕구다. 생리적 욕구를 소홀히 했다면 오늘날 인류는 생존하지 못했을 것이다.

몸을 건강하게 유지하고 생식하는 것은 몸을 가진 생명의 필수적인 행동이다. 그러나 이런 욕구를 적절히 통제하지 않으면 욕구가 우리를 지배하고 잡아먹어 버린다. 인간이 욕망이라는 감옥에 갇히는 것이다.

인간의 몸은
일종의 감옥이다

"철학은 영혼이 묶어 버린 이 감옥(몸)의 영리함을 간파하고
있네. 이 감옥은 욕망을 통해 성립하는 것이라, 무엇보다도 그
안에 갇힌 자신이 그 구속의 조력자라네."

플라톤, 《파이돈》

플라톤의 대화편 중 《파이돈》에는 육체를 초월하며 영원불멸
하는 영혼의 존재, 죽음에 대한 대화가 소개돼 있다. 소크라테스
는 눈을 감기 전 감옥에서 케베스, 심미아스와 함께 죽음에 관해
대화를 나눴다.

소크라테스가 생각한 것처럼(사실은 플라톤이 소크라테스의
입을 빌려 자기 생각을 말한 것이겠지만) 영원불멸하는 영혼이 있
다고 가정해 보자. '영혼'이라는 표현이 불편하다면 '의식', '내면',
'참나' 정도로 바꿔서 읽어도 무방하다.

이 영혼이 세상에 자기 존재를 표현하고 활동하기 위해서는 부
득이하게 몸이 필요하다. 이 관점에서는 원래 영혼이 주인이고,
몸은 영혼이 자신을 드러내기 위한 수단이다. 하지만 영혼은 이런
사실을 잊은 완전한 백지상태에서 지상의 삶을 시작한다.

그러니 몸이 나라고 착각한다. 몸을 잘 보존하는 것이 지상 최
대의 과업이 된다. 그런데 몸은 생존의 욕구에 매우 민감하다. 배

고프면 먹어야 하고 추위, 더위 같은 불편함은 피하고 싶다.

몸을 자신의 전부라고 착각한 인간은 잘 먹고, 잘 자고, 후손을 만들고 싶다는 생각으로 가득하다. 몸의 명령과 생존의 욕구에서 벗어나지 못한다. 영혼인 자기 자신을 돌보지 않고 살 만한 삶에 관해 묻지 않는다. 결국 스스로 몸과 욕망에 갇히는 상태를 유지하기 위해 계속 노력한다. 대부분 사람은 이렇게 살다 죽는다.

> "먹거나 싸우거나 무리에서 힘을 발휘하는 것 이상의 무언가가 있다는 생각을 떠올리기까지 몇 번의 생을 살아야 하는지 알아?"
>
> 리처드 바크, 《갈매기의 꿈》

오늘날 인류의 조상으로 알려진 호모 사피엔스 사피엔스가 지구상에 언제 출현했는지 정확히 알 수는 없지만, 인류학자들에 의하면 대략 15만 년 전에 처음 나타나 5만 년 전 즈음에 지구상에 퍼져 구석기 시대를 이끈 주류가 된 것으로 보인다.

5만 년 이상의 세월 동안 인간은 대부분 시간을 잘 먹고, 안전하게 잘 사는 문제에 주의를 집중했다. 먹고사는 문제 외에 삶의 의미를 캐묻고 그것을 후대에도 기록으로 남긴 기간은 길게 잡아도 5,000년 정도다.

다행히 우리에게는 소크라테스와 같이 사숙할 수 있는 스승들이 있다. 공자가 있고, 예수, 석가가 있다. 기록의 과정에서 어쩔 수 없는 편집과 왜곡이 있겠지만, 그래도 절반 이상은 믿을 만한 위대한 지성들의 고민과 깨달음에 대한 기록을 갖고 있다.

지금 이 시대에 먹고사는 것 외에 뭔가 다른 것을 고민할 만한 기초 자료는 충분하다. 물론 기록이 없던 시대에도 살 만한 삶에 대해 고민한 인간은 존재했겠지만, 그들에 비해 지금의 우리는 풍부한 기록을 통해 더 많은 기회를 얻을 수 있다.

수많은 철학자, 현자 들이 삶의 비밀에 대한 힌트를 잔뜩 남겨 놓은 현재에도 먹고사는 문제에만 매달려 있는 사람들도 많다. 텔레비전 프로그램, SNS, 출간 서적 들을 조금만 살펴봐도 오늘날 사람들이 무엇에 관심을 두는지 알 수 있다. 그것은 바로 돈이나 건강 같이 내 몸을 잘 보전하기 위한 수단이다.

> "체력을 단련해서 손해 볼 일은 결코 없다네. 인간의 모든 활동에는 몸이 필요하고, 몸이 필요한 모든 활동에는 몸을 최선의 상태로 유지하는 것이 대단히 중요하기 때문일세."
>
> 크세노폰, 《소크라테스 회상록》

소크라테스는 정신과 함께 육체의 건강도 잘 지켜야 한다는 원칙을 갖고 있었다. 그는 우리가 영혼뿐 아니라 뼈와 근육, 피로 구성된 존재임을 강조했다. 따라서 돈은 당연히 좋은 것이다.

하지만 그것에'만' 빠져 있으면 진짜 삶을 살 수 없다. 마치 '동굴의 비유'에 나오는 죄수들처럼 동굴 밖에 진짜 세상이 있다는 것을 모르는 것이다. 먹고사는 것, 몸이라는 욕망의 감옥에서 벗어나기 위해서는 어떻게 하면 좋을까?

인생은
연극이다

"인간 영혼은 지나치게 즐겁거나 괴로우면 가장 강하게 경험한

대상을 가장 분명하고 참된 것이라고 여기지 않을 수 없네."

플라톤, 《파이돈》

영혼이라는 말을 의식으로 바꿔서 읽어 보자. 인간의 의식이 몸으로 경험하는 것에만 갇혀 있으면 그것만이 전부라고 믿는다. 명상가들은 초심자들에게 가장 먼저 '나는 몸이 아니다'라는 사실을 가르친다.

물론 몸이 경험하는 것은 중요하다. 우리의 삶은 경험을 하기 위한 것이기 때문이다. 부슬부슬 내리는 비에 흠뻑 젖어 보고, 풀 내음을 맡고, 사랑하는 이의 손을 잡는 그런 경험은 너무나 소중하다. 하지만 그것만을 참되다고 여기면 소크라테스가 욕망했던

것과 같이 더 높은 차원에서 욕망하지 못한다. 매슬로의 설명을 따른다면 욕망의 수준이 ①, ②단계 수준으로 낮은 것이다.

소크라테스의 생각을 따라가다 보니 《채근담》의 한 구절이 떠오른다.

人生原是傀儡 一毫不受他人提掇 便超此場中矣 (인생원시 괴뢰 일호불수타인제철 편초차장중의)
인생은 원래 인형극이다. 조금도 다른 사람의 조종을 받지 않고 이 무대를 초월한 위치에 있어야 한다.

홍자성, 《채근담》

삶은 연극과 같다. 이 가정을 받아들인다면 삶이 조금 더 편안하게 느껴진다. 인간은 각자 자기만의 대본을 받아 들고, 이 세상에 태어나 정해진 배역을 연기한다. 하지만 이내 연극 밖에 무언가가 있다는 진실은 망각하고 연극에만 몰입한다. 연극에서 아프면 괴로워하고, 실패하면 좌절한다. 심지어 연기를 시작한 자기의 본래 목적마저 잊는다. 연극 속 배역의 생존을 위해서 무대 위에만 있는다. 아마 인생이란 연극의 막이 내리고 나면 후회하게 될지도 모른다.

소크라테스는 무지의 지를 깨닫고 전하겠다는 소명을 갖고 태어났을 것이다. 그는 그 소명을 깨달았다. 잊었던 대본을 찾았다. 그 계기는 '소크라테스가 가장 지혜로운 자'라는 신탁이었지만, 그 것만으로 그가 소명을 깨달은 것이 아니다. 그는 스스로 끈질기게 질문하고 검증하면서 자기 삶의 주제를 확신했다. 자기 삶의 주인 이 되려고 했다.

우리는 각자 삶의 연극에서 연출자이자 주연이다. 오직 각자의 선택에 따라 이 연극에서의 경험을 선택할 수 있다. 우리를 제멋 대로 조종할 수 있는 외부의 존재란 없다. 우리를 제멋대로 조종 하는 것은 '욕망으로 이뤄진 몸이 전부'라는 착각일 뿐이다.

隨處作主 立處皆眞 (수처작주 입처개진)
이르는 곳마다 스스로 주인이 되는 현실을 창조하고, 선 자리 가 모두 진실해야 한다.

임제 의현, 《임제어록》

당나라 선종의 일파인 임제종의 시조 임제 의현의 말이다. 임 제 의현도 소크라테스 못지않게 자기 삶의 주인이 되기 위해 숙고 하고 행동했다. 임제 의현은 어디에 있든 자기 삶의 주인이 되라 고 말한다.

주인은 그냥 되는 것이 아니다. '작(作)'하라고 했다. 작은 남에 게 의존하지 않고 스스로 만들어 내는 것, 행동하는 것, 창조하는

것이다. 자기 힘으로 남의 이야기가 아닌 나의 이야기를 창조하는
것이다. 그것이야말로 진실함이다.

"가장 훌륭하고 가장 현명한 사람이 되기 위해 자신을 돌보는
일보다 자신에게 속한 어떤 것을 돌보는 일을 앞세우지 말아
야 합니다."

플라톤, 《소크라테스의 변명》

소크라테스가 말한 '자신에게 속한 어떤 것'은 몸이라는 감옥,
지위, 명성, 부와 같은 것이다. 진짜 내가 아닌 온갖 미사여구와
장신구다. 진짜 돌봐야 할 것은 자기 자신이다.

마흔이라면 이제 욕망의 수준을 끌어올릴 때가 됐다. 낮은 수
준의 욕망을 충족하는 데에만 우리의 시간과 에너지를 쏟아붓지
말자. 지상의 연극, 환상에 지나치게 몰입하지 말자. 욕망의 감옥,
몸에 갇히지 말자. 이 무대에 몰입하되, 때로는 무대를 초월하여
객관적으로 관찰하는 시선을 가져야 삶의 주인으로 탁월하게 살
아갈 수 있다.

**더 나은 사람이 되고자 애쓰며 사는 것보다 훌륭한 것은 없다.
그리고 실제보다 나아지고 있음을 느끼는 것보다 큰 만족감도 없다.**

24

더 많이 얻고자 하기보다
더 적은 것에 만족하라

| 절제 |

"무절제가 사람들을 최고의 축복인 지혜에서 멀어지게 하고,
그와 반대되는 것으로 몰고 간다네."

크세노폰, 《소크라테스 회상록》

대학 시절, 2년 정도 기숙사에서 생활했다. 당시 기숙사는 세 명이 하나의 방을 썼다. 2학년 때 1학년 후배 두 명과 함께 생활했는데, 학기 초에 잊지 못할 사건이 일어났다.

지금은 코로나19 이후로 강제적인 분위기가 아닌 것으로 알고 있지만, 당시에는 신입생들이 사발식이라는 통과 의례를 거쳐야

했다. '막걸리 찬가'라는 노래를 부르는 동안 사발에 가득 담긴 막걸리를 끝까지 마시고 소화를 시키든 토해내든 해야 했다. 전통이라는 이름의 악습일 수도 있겠다.

하루는 방에서 같이 지내는 후배 중 한 명이 사발식을 제대로 하고 온 모양이었다. 후배는 친구들에게 거의 질질 끌려 들어와서는 방에 내던져졌다. 온 방에 술 냄새와 토사물 냄새로 진동했다. 다른 후배와 함께 그날 밤에 편안하게 자기는 글렀다고 생각하고 창문을 열었다. 자정 무렵부터 이 후배가 구토를 하기 시작했다. 기숙사 바닥이며, 이불이며, 베개며 여기저기 열심히도 토했다.

뭐 거기까진 익숙한 광경이라 휴지로 닦아 가며 지켜봤는데, 어느새 검붉은 액체가 후배의 입에서 줄줄 흘러나왔다. '피?' 피를 본 나는 정신이 없었다. 나는 다른 후배와 함께 구급차를 부르고 아픈 후배의 가족에게 전화하고 난리를 쳤다.

몇 시간 뒤 병원 응급실에서 의사의 설명을 듣고서야 안도의 한숨을 쉬었다. 후배가 토한 검붉은 액체의 정체는 식도가 찢어지면서 나온 피와 위액이 섞인 것이었다. 구토를 너무 심하게 해서 식도가 찢어졌다니. 살다가 참 별일도 다 겪어 보는구나 싶었다. 이 사건 이후로 그 후배는 술을 조금 자제하는가 싶더니 이내 또 술독에 빠져 1학년 첫 학기 학점은 권총 세례를 맞았다.

유명한 인물에 대해 알아보다가 '이 사람이 조금 더 절제하고 자기 관리를 했다면 더 탁월한 성과를 냈을 텐데'라는 생각이 들 때가 있다. 그런 인물 중 하나가 바로 베이브 루스다. 베이브 루스는 많은 이가 야구 역사에서 가장 위대한 선수로 칭송하는 홈런왕이다.

그는 보스턴 레드삭스, 뉴욕 양키스 등에서 22시즌을 활약하면서 메이저리그 정규 시즌 통산 714개의 홈런, 2,211타점, 2,873개 안타 등의 대기록을 세웠다. 그가 활약하던 때 신문에 베이브 루스 코너가 있다고 할 정도로 그는 화제의 인물이었다.

베이브 루스는 홈런왕으로 유명했는데, 조니 실베스터라는 소년과의 일화가 잘 알려져 있다. 언론에 의해 다소 과장된 면도 있어 보이지만, 그만큼 베이브 루스의 실력과 유명세를 반영해 주는 일화다.

1926년 여름 11살의 조니 실베스터라는 소년이 말에서 떨어져 크게 다쳤다. 그리고 다시 걷기 힘들 것이라는 진단을 받았다. 이 소식을 우연히 접한 베이브 루스는 소년에게 희망을 주기 위해 자신과 몇몇 동료가 사인한 야구공을 아이에게 선물했다. 그 공에는 "수요일 경기에서 홈런을 칠게(I'll knock a homer for Wednesday game)"라고 적혀 있었다.

영화 같은 이야기지만, 그는 정말로 약속한 날 월드시리즈 4차전에서 홈런을 쳤다. 그것도 세 번이나 말이다. 더 영화 같은 사실은 아이의 몸 상태도 극적으로 좋아졌다는 사실이다. 베이브 루스는 야구 선수로서 기량도 뛰어났지만, 사람들에게 많은 사랑을 받은 선수였다.

처음 프로 야구를 시작할 무렵 베이브 루스는 185센티미터의 키에 몸무게는 95킬로그램 정도로 선수로 우수한 신체 조건이었다. 하지만 선수 생활 기간 중 몸 관리에 소홀했고, 30세가 되는 해에는 몸무게가 120킬로그램까지 나가면서 건강이 나빠져 시즌 중에 쓰러지기까지 했다. 당시 영국의 신문에는 그의 부고가 나기도 했다.

베이브 루스는 뛰어난 선수였지만, 식욕을 이기지 못했다. 그는 내키는 대로 먹고 마셨다. 예를 들면 이런 식이었다. 아침 식사로 무려 스테이크와 달걀 네 개, 감자튀김을 먹었다.

그에게 아침은 이게 끝이 아니었다. 그는 커피와 진저에일에 섞은 위스키 0.5리터를 입에 털어 넣었다. 오후에는 핫도그 네 개와 콜라 한 병을 먹어 치웠다. 아침에 비해 점심이 좀 소박해 보인다고? 천만의 말씀이다. 이건 간식일 뿐. 그는 저녁을 두 차례나 먹었다.

두 차례의 저녁은 티본스테이크 총 네 덩어리, 감자튀김, 양상추, 애플파이 등이었다. 하루에 저 많은 양을 한 사람이 어떻게 다 먹을 수 있었는지 신기할 정도다. 요즘 먹방 유튜버들은 저리 가라 할 정도다. 루스는 사실 끼니 사이에 쉴 새 없이 핫도그를 먹고 콜라를 마셔 댔다.

그가 억제하지 못한 것은 식욕만이 아니었다. 그는 종종 분노를 이기지 못하고 야유를 퍼붓는 관중과 싸우기도 하고 심판에게 대들다가 퇴장을 당하는가 하면, 기자의 멱살을 잡아 내동댕이치기도 했다.

그는 은퇴 후에 야구 감독을 하려고도 했지만, 자기 관리가 되지 않는 선수에게 감독을 맡길 구단은 없었다. 만약 베이브 루스가 식욕과 분노를 절제할 수 있었다면 더 위대한 선수, 나아가 뛰어난 감독이 될 수 있지 않았을까?

아주 오래된
행복의 비밀

"사람들은 즐거움에 압도되어 다른 즐거움을 제압하지. 마치 동전을 교환하듯이 즐거움을 다른 즐거움으로, 고통을 다른 고통으로, 두려움을 다른 두려움으로 교환한다네. 하지만 그것은 덕을 위한 올바른 교환은 아니라네."

플라톤,《파이돈》

염증이 생길 때마다 항생제를 쓰면 어떻게 될까? 처음 몇 번은 치료되겠지만, 이내 내성이 생겨 점점 더 독한 약을 처방해야 한다. 우리가 행복감을 얻기 위해 더 큰 즐거움, 자극을 추구한다면 어떻게 될까? 마치 항생제에 내성이 생기듯 행복에도 내성이 생긴다. 어지간해서는 그렇게 행복하지 않게 된다.

행복은 만족감을 느끼는 마음의 상태다. 우리는 어떤 조건이 충족되면 행복할 수 있을 것이라 생각한다. 하지만 실제로 꿈에도 그리던 목표를 이뤘을 때 어떨까? 짧은 시간 만족감을 느끼지만, 이내 공허하고 헛헛함을 느낀다.

쾌락과 자극에는 분명히 내성이 있다. 먹고 싶은 대로 먹을 때, 자고 싶은 만큼 잘 때, 갖고 싶은 물건들을 앞뒤 안 가리고 모두 구매할 때 잠깐 행복감을 느낀다. 하지만 곧 공허해진다. 그래서 더 많은 욕심을 따라간다. 더 먹고, 더 자고, 더 소비한다. 잠깐 행복감을 느끼고 다시 좌절한다.

그 끝은 어디일까? 욕심에는 끝이 없다. 만약 욕심을 더 키우지 않고 멈춘다면 어떨까? 바로 만족감을 느낄 수 있다. 우리가 절제해야 하는 이유다. 행복의 비결은 아주 간단하다. 바로 절제다.

> "소크라테스는 즐거울 만큼만 먹었다. 갈증이 없으면 마시지 않았기 때문에 그에게는 모든 음료가 달콤했다. 소크라테스는 배고프지 않고, 목마르지 않은데 먹고 마시기를 권하는 것을 경계했다. 위와 머리와 혼을 망치기 때문이다."
>
> 크세노폰,《소크라테스 회상록》

절제의 가장 큰 축복은 행복을 느끼는
건강한 몸과 마음을 지켜 준다는 것이다.

나는 공군에서 헌병 장교로 복무했다. 학사 장교로 지원했는데, 15주 정도 훈련 뒤에 임관, 그리고 이후 3년간 의무 복무 기간이었다. 15주 훈련 기간 중 초기에는 육체적으로 상당히 고됐다.

장교가 되기 위한 1단계는 먼저 복종을 아는 것이었다. 교관들은 사관후보생들을 참 열심히 이리 굴리고 저리 굴렸다. 나는 말도 안 되는 짧은 시간 동안 샤워하거나 밥을 먹어 내야 했다.

훈련 기간 중 하루는 무지막지하게 많이 달렸다. 선착순으로 어디까지 찍고 와야 하는 훈련을 계속했고, 장거리 달리기도 했다. 가을 날씨였지만, 상당히 더워서 비지땀을 흘렸다.

그때 훈련을 시키던 교관이 의미심장한 미소를 지었다. 그리고는 시원한 이온 음료를 나눠 줬다. '아니 저 사람이 웬일이지?' 싶었다. 교관이 나눠 준 영롱한 파란 색 음료 캔에서 빛이 나는 것 같았다. 한 모금 마셨을 때의 그 시원함이란! 잊을 수가 없다.

만약 시원한 에어컨 밑에서 땀 한 방울 흘리지 않고 있다가 음료를 마시면 어땠을까? 너무 차가워 마시기를 꺼릴 수도 있었을 것이다. 하지만 땀 흘리고 마시는 음료 한 모금은 너무나 달콤했다. 당시에 한 동기는 캔 음료 하나로 지상에서 천국을 느낄 수 있었다고도 말했다.

음식을 가장 맛있게 먹으려면 먹고 싶다는 욕구가 가장 낮을 때 먹으면 된다. 음료를 가장 맛있게 마시려면 마시고 싶다는 기대가 적어야 한다. 이것이 행복의 비밀이다. 행복의 핵심적인 요소는 '만족감'이다. 만족감을 극대화하려면 기대를 줄이면 된다.
즉 욕구를 절제하는 것이 행복을 가장 크게 느낄 수 있다.

어떻게
절제하는가

"매혹적인 사람을 보면 얼른 도망가게."

크세노폰, 《소크라테스 회상록》

소크라테스의 절제력은 보통 인간의 수준을 초월했다. 앞서 소
개한 것처럼 그는 한겨울에도 맨발로 걸었고, 몇 끼니를 굶어도
다음 끼니를 걱정하지 않았다. 워낙 술에 강하기도 했지만, 친구
들과의 사교를 위해 향연에 초대돼도 절대 취할 때까지 술을 마시
지 않았다. 당대 최고의 미모를 가진 사람들이 유혹해도 방탕에
빠지지 않았다.

이처럼 소크라테스는 믿기 힘들 정도로 세상을 초월한 인간이
었다. 그래서 그를 그대로 따라 하는 것은 불가능하다. 그런데 이
렇게 절제력이 강했던 소크라테스는 인간의 욕망에 대해 잘 알고
있었다. 자신은 욕망을 극단적으로 절제할 수 있음에도 보통 사람
들의 욕망을 이해했다.

蛾撲火 火焦蛾 莫謂禍生無本 (아박화 화초아 막위화생무본)
나방이 불 옆에서 날개를 치면 불이 나방을 태워 버리니 원인
도 없이 화가 생긴다 말하지 말라.

홍응명,《채근담》

작은 나방이 불 옆에서 괜히 얼쩡거리고 파닥거리다가는 날개
에 불이 붙어 그 불꽃에 재가 돼 버릴 수 있다. 괜히 유혹 앞에 자
신을 던져서 시험하지 마라. 유혹에 강한 인간은 없다. 다이어트
를 해야 하는데 소위 먹방을 보면 바로 실패다. '다이어트는 내일
부터'라고 스스로 최면을 걸고 배달 음식을 시키게 된다.

'견물생심(見物生心)'이라는 말이 있듯이, 욕망을 불러일으키
는 것을 아예 가까이 해서는 안 된다. 욕망의 불꽃을 자극하는 것
은 쳐다도 보지 말아야 한다. 오죽했으면 소크라테스도 매혹적인
사람을 보면 뒤돌아 도망가라고 했겠는가. 일단 보면 욕심이 생긴
다. 그게 인간이다. 우리는 유혹에 약하다. 그 사실을 인정하자.
그리고 항상 안전장치를 마련해 둬야 한다.

호메로스의 《오디세이아》에는 트로이 전쟁이 끝나고 고향으로
돌아가는 오디세우스의 이야기가 나온다. 오디세우스는 세이렌이
있는 지역을 통과해야만 한다. 한 커피 전문점이 로고로 예쁘게
성형했지만, 그리스 신화에서 세이렌은 노래로 선원들을 홀려 배

를 난파시키는 괴물이다. 오디세우스는 부하들이 세이렌의 유혹에 넘어가지 않게 하려고 그들의 귀를 밀랍으로 다 막아버린다.

하지만 자신은 세이렌의 노래를 들으려 한다. 뭇사람을 홀리는 요괴의 노래! 얼마나 궁금한가? 이 유혹 앞에서 오디세우스는 안전장치를 마련한다. 자기가 유혹에 넘어가지 않으리라는 보장이 없기 때문이다. 그는 자기 몸을 돛대에 묶고 부하들에게 만약 자기가 풀어 달라고 명령하더라도 더 꽁꽁 묶어 달라고 부탁한다. 예상대로 그는 세이렌의 유혹을 이기지 못하고 발버둥 치지만, 부하가 밧줄로 더 묶어 버려서 안전하게 지나간다.

〈나의 아저씨〉라는 드라마에는 40대 대기업 부장이 주인공으로 나온다. 그는 살아오면서 사고를 치지 않은 이유가 자신이 유혹에 강하기 때문이 아니라 유혹이 없었기 때문이라고 말한다. 유혹이 없었으니까 막상 유혹 앞에서 강한지 그렇지 않은지 알 수 없다는 것이다. 나는 이 대사를 보며 무릎을 쳤다. 인간의 본성을 꿰뚫어 본 말이지 않은가.

"스스로 절제하지 못하는 사람을 어떻게 짐승보다 낫다고 할 수 있겠나? 정작 가장 중요한 것을 고민하지 않고 쾌락만 좇는 사람이 어떻게 어리석은 짐승보다 나을 수 있단 말인가?"

크세노폰, 《소크라테스 회상록》

절제하려면 자기 자신의 존재 가치를 규정해야 한다. 소크라테스는 자신을 어리석은 짐승이 아닌, 무지의 지를 아는 지혜로운 사람으로 규정했다. 사람이라면 사람답게 살 만한 삶을 살아야 한다. 쾌락을 주는 것에 넘어갈 수는 있다. 괜찮다. 인간이니까. 하지만 유혹에 매번 넘어간다는 것은 자존심 상하는 일이다.

> "오직 자제력 있는 사람만이 무엇이 가장 훌륭한 행위인지 숙고하여, 좋은 것은 취하고 나쁜 것은 피한다네."
>
> 크세노폰, 《소크라테스 회상록》

우리의 삶을 탁월하게 만들어 보는 것은 어떨까? 자신을 좀 더 높은 존재로 규정해 보자. 이 정도 유혹에 무너지는 존재가 진짜 나인지 자문해 보자. 나는 어떤 사람인지 한 걸음 떨어져서 생각해 보자. 그러면 유혹에 빠지지 않고 절제하는 데 도움이 될 것이다.

현재 가진 것에 대해 만족하지 못하면
가지고 싶은 것을 더 가지게 되더라도 만족하지 못한다.